天下文化
BELIEVE IN READING

出走，是為了回家

普林斯頓成長之路

劉安婷——著

不平凡的回家之旅，讓自己成為改變的起點。

僅將這本書獻給

我的奶奶、父母、弟弟

Teach For Taiwan 的團隊

每一位付出行動支持、加入改變行列的你

還有為我的信心創始成終的造物主

目次

推薦序

不平凡的回家之旅

台灣奥美集團董事長／白崇亮

初次結識安婷是在一個略為偶然的機會裡，但從第一次見面，我就知道她會是個不平凡的孩子。安婷的不平凡，並不在於她申請進入美國名校就讀，或是大學還沒有畢業就出版了自己的第一本書。我所認識的安婷，心中始終擁有一把獨特的尺，她用這把尺來衡量周遭一切人、事、物的終極價值，她是個擁有清晰價值信念的孩子。

從外表上看，許多人會稱羨她在普林斯頓大學勇於成長的動人故事。課堂之外，她的足跡還踏遍歐、美、亞、非四大洲多個國家，曾在幾內亞灣和迦納的孩子戲水、在塞納河畔和法國同學辯論哲學、在加勒比海與海地的災民一同重建家園、在日內瓦湖畔和聯合國官員談判、在湄公河旁訪問柬埔寨國務卿。她也曾因課業落後太多而被教授羞辱、曾為了融入酷炫的朋友群而迷失自己、也在畢業時因論文得到首獎喜極而泣。

然而，人們看不到的是，在她心中還有一個沉靜的地方。每當她有所疑惑，面臨考驗，或需要作出關鍵決定的時刻，她總會回到那個地方，在那裡思考、沉澱、祈禱；然後，那把衡量人們終極價值的尺，總會在最後出現，幫助這位天父所愛的孩子做出最終的抉擇。安婷不是一個輕意做出決定的孩子，她在意她所做的每件事背後的動機、意義和目的。

就這個世界而言，安婷是表現極為卓越的孩子。她的不平凡之處，就在於她沒有以卓越做為換取世俗所謂「成功」的墊腳石。相反地，她眼中所看到的，更多是人們的真實需要，特別是那些貧窮的、不足的、被忽視的，和需要關愛的孩子們。以她這樣年輕的生命，竟然已是個懂得「愛，就是在別人的需要上看見自己的責任」的實踐者。我不得不對安婷多點偏愛！

我特別喜歡這本新書的書名《出走，是為了回家》。安婷的確走過一條普林斯頓成長之路，然而當我得知她終於決定回到台灣，要帶動和她年齡相仿的年輕人在台灣的土地上，進到偏遠地區去Teach For Taiwan 時，彷彿又回到了初次見到安婷時覺得她不平凡的感受，只是這回更多了幾分對她所代表的台灣年輕世代的期許與祝福。

每一塊土地上的繁榮，都需要經由世代傳承來不斷創造發展。我不願意給安婷太大的壓力，但我要說：每當看見她光采燦爛的笑容，就會覺得台灣的下一代仍然是充滿希望的。

安婷與夥伴們，你們加油！

推薦序

All you need is some courage!!

台大電機系副教授、台大MOOC執行長
台大教學發展中心副主任／葉丙成

認識安婷，是從我們同台在二〇一三年的TEDxTaipei年會演講開始。當時，我只知道她是個從美國名校普林斯頓畢業，辭掉了人人稱羨的工作，回台創立Teach For Taiwan，立志為偏鄉孩童改善教育的亮麗女孩。初識時，我跟許多人一樣，心中有不少疑問：究竟是什麼樣的原因，會讓這個女孩放棄了世俗眼光中的人生坦途，選擇了一條充滿挑戰、布滿荊棘的道路？

但隨著對安婷的更加認識，我完全可以理解為什麼了。其實，安婷的人生經歷，正是我們當今台灣青年所最欠缺的一塊：對自我的探索與認識。

台灣學子，在父母的呵護下，往往都以學業為重。在學業的壓力下，很少人會踏出自己的舒適圈，勇敢探索自己的志趣、能力，乃至於極限。許多人即使學業、工作一切順利，但卻缺乏做為一個人，對自己應有的認識。每天過著世俗認定的「好」人生，卻不知道什麼才是自己想要的「好」人生。

於是，在一切貌似順利的人生中，許多人不斷問自己：「這真的是我要的人生嗎？」「我真的要這樣一直過下去？」「我當初如果換一條路，人生會不會更快樂？」

很悲哀的，這樣的問題是沒有答案的。因為人生永遠都無法重來，沒有人能回答，當初如果做別的選擇，人生是否就會更好？更悲哀的是，隨著年紀日長，人愈是放不開、愈不敢拋棄眼前的一切去探索從未發現過的自己。最後，人生只好得過且過，日日忍受著無奈、懊悔，與自我質疑的煎熬。簡直是無間地獄……

但安婷選擇的路，與許多人不同。她的人生，從小時候便充滿了挑戰。在小學的時候，便自己一個人遠渡重洋參加夏令營。去美國讀書時，暑假自願去迦納、海地等地參與志工工作。甚至，安婷還自願報名去眾人聞之色變的美國監獄，教了兩年半的書。在她用心體會許多非我族類的犯人的成長背景跟心境後，透過點點滴滴的付出，有一天讓他們打開心扉、真正從心把她當成老師。

看了安婷的故事，你就會了解為什麼她會選擇回台灣，走一條艱辛卻充滿意義的人生道路。因為在一個不斷挑戰自我極限、追求利他的人生中，個人的生命才有機會得到最大的實現。

當青年朋友在看安婷的故事時，請不要迷失在她在一次次難關之後令人驚嘆的成果。請把焦點放在當她每次做不曾做過的嘗試時，她內心之中所感受到的種種焦慮，以及如何跌跌撞撞走出這些焦慮的歷程。慢慢的，你會發現，其實安婷能做到的，你也能做到！你所需要的，僅僅是願意踏出去的勇氣，以及一顆真誠為人的心。

想跟安婷一樣找到人生的意義嗎？

All you need is some courage!!

好評推薦

看安婷的外表，不會想起「流浪」或「孤獨」。但她的故事，充滿了這兩個元素。流浪，一方面表現在登機證和行李箱，她去了迦納、海地、日內瓦。另一方面表現在她不斷探索生命的方向。她問了自己很多深刻的問題，包括：非營利組織，會不會也只是舒適圈？至於她的孤獨，一方面表現在愛情的失落，她分享了二十歲的初戀：）另一方面表現在她做出很多不同的選擇，包括 Teach For Taiwan。這個故事我最喜歡的畫面，是安婷二〇〇八年第一次到普林斯頓時，在紐約機場找接駁車的場景。經過一番折騰，「車子一上路，我便不支昏睡在媽媽的大腿上。」

安婷、我們、台灣，都在流浪，也將體會更多孤獨。就讓安婷的故事，成為我們疲憊時的支柱。

——王文華，夢想學校創辦人

我其實沒有真正認識安婷，唯一知道的，是她花了不到兩年，就初步完成我努力十七年的事。這十七年，我在偏鄉窮盡一切努力，試圖解決台灣教育體制內無法解決、卻也無比重要的事。目前我和我的團隊在我們的現場，似乎初步解決了因為僵化的教育編制而造成死水般的師資困境。而安婷，一個不到二十五歲的小女生，沒有教育專業背景，沒有官方實際奧援，卻一腔熱血想要協助解決台灣偏鄉學校的師資問題。她已經開始，Teach For Taiwan 正認真前進，即便一堆人心存質疑——特別是體制內的專業師資培育系統。但，又如何？好好看看安婷的書，或許，我們就會知道，這個從異鄉回來的小女生是如何有能耐的想要為台灣出發。

——王政忠，SUPER、POWER 教師獎、師鐸獎得主

兩年前，為了多了解弱勢家庭，我與幾位好友拜訪很多課輔單位，包含安婷爸媽的林業生基金會，才認識安婷。一開始，跟安婷的關係密切又疏離。密切是因為我們基金會幾位年輕夥伴是 Teach For Taiwan 志工，他們常在我們辦公室開會，常常見面；疏離是因為安婷太優秀、太亮麗、見過太多世面，我不太確定她是否下定決心要割捨充滿希望、創意的世界舞台，而回到很悶、很負面情緒、講究排資論輩的台灣。她竟然玩真的，回來了。她與這些夥伴都是「人生勝利組」，卻甘願選擇一條人煙稀少的路走。愈認識他們，我愈認真看待他們，慢慢從長輩變成朋友，最近又從朋友變成粉絲。我在他們身上看到台灣的希望。

——方新舟，財團法人誠致教育基金會董事長

對我而言，安婷一直都是個典範學生。明顯的，她極端的聰明、善言（至少三個語言）、有活力、又有創業家精神。在接下來的幾年，Teach For Taiwan 很有可能會成為一個非常重要的組織。沒錯，一個這麼年輕的人能夠在這麼短的時間裡成就這麼多，是一件不可思議的事情。但安婷真正不凡的地方，在於她總是如此用心的反思她生命的旅程。我希望她的故事能激勵其他聰明、對社會有負擔的台灣年輕人，為著你們國家民主的未來付出你們的生命，就如同安婷勇敢、細膩的正在做的。Bravo!

——史坦利．卡茲（Stanley N. Katz），普林斯頓「威爾遜公共與國際事務學院」教授

你有多久沒好好擁抱自己，和自己好好說說話了？你曾遇見真實的自己嗎？你要怎樣衡量你的人生？所謂成功，到底要怎樣定義？你在乎的是成就什麼事情，還是成為什麼樣的人？如果歷練是人生的必須，在哪裡尋找勇氣？用何法持定方向？又如何得著力量？安婷大方敞開自己，彷彿用一支支鑰匙，層層打開一本本日記，那是用平凡的生命，卻因為好好思索了上面的問題，勇敢踏出行動，讓年輕的生命圍繞著不平凡的故事。你的人生劇本可能大不相同，但我深信那不平凡的故事，一樣能夠在你走過的每一個足跡中閃閃發亮！打開這本書好像跳上了深入叢林的越野車，一路驚嘆顛簸，卻也不得不常常緊急煞車，細細品味隱藏在叢林中的智慧，非常過癮。

——杜明翰，國際世界展望會亞洲市場負責人、前台灣世界展望會會長

遇見安婷是段美麗的緣分。我們背景相似：都在美國讀書、主修公共行政、對非營利服務擁有熱忱。二〇一三年透過安婷爸爸認識她時，雖然她在美國、我在台灣，透過 Skype 交談卻有種熟悉感。安婷很真誠、熱情地與我分享 Teach For Taiwan 的夢想，她的願景與執行力讓我很欣賞，開啟了我們之間更多交集：我們都希望用實際行動為社會帶來正向改變、選擇在二十來歲時創業、也在同一辦公室一起奮鬥。很榮幸參與安婷草創ＴＦＴ的過程，一路看著她辭掉工作搬回台灣、找尋第一批夥伴、遇見第一位投資者、招募第一批種子教師等，實在由衷佩服，因為二十三歲時的我，沒有安婷的決心和毅力。相信本書會讓大家更認識這位勇敢投身台灣教育、人美心也美的夢想「志」造家！

——林以涵，社企流創辦人

台灣不乏高學歷的孩子。但有理想、有勇氣、有自己想法，還能對台灣念茲在茲的孩子太少。安婷是這樣的優秀孩子。很難想像，Teach For Taiwan 這樣的大議題，會是一群二十來歲的孩子義無反顧地扛了起來，安婷和這群菁英，擔著重量卻也雄姿英發，值得期待！這本書，敘述安婷在普林斯頓大學期間，到歐、美、亞、非四大洲的足跡與成長。也許在這字字句句裡，你將找到成長與蛻變所需要的養分與軌跡。這是安婷的價值，也是這本書的。

——陳俊朗，孩子的書屋創辦人

自序

致我的父母

愛不是我們要去的方向，而是我們出發的地方——徐超斌醫師

二〇一二年十一月底，我還在美國的顧問公司上班，手機「叮咚」響了一聲，我看見媽媽寫的「阿嬤已經在昨天下午安詳的回到天家」，腦中忽然一片空白。

隔了不到兩週，我飛回台灣，一下飛機便直奔外婆的喪禮。喪禮結束之後，我們回到外婆家。外婆的四個女兒把所有孫兒輩聚集起來，告訴我們可以花些時間在外婆房間裡找一樣最可以紀念外婆的物品，帶著走。

我一個箭步跑到外婆床邊，拿起她的《聖經》。外婆是家中第一個基督徒，一輩子都用同一本《聖經》，因此我一直對它抱著很深的好奇。打開《聖經》，從書背滑出一張黃色的信紙。我把它拿起來看，發現這是外婆在外公十多年前過世後的第一個清明節，寫給上帝的一封信。

外婆在世時是個強韌、不輕易表露情感的女強人，但在這裡，她用娟秀的字跡寫著：

親愛的主上帝，複一次佇祢面前懇求，照祢豐盛的疼痛，引導女婢全家行佇祢公義的道路，堅固阮對祢的信仰，變化女婢對先夫的思念，有屬天的智慧與氣力……互阮用忠孝傳家，起造和諧的家庭……求主繼續扶持祝福阮的家族，無論信仰、佇生活、佇事業、工作，或者學業功課、序小的栽培，攏會得祢引導……充滿喜樂與平安。

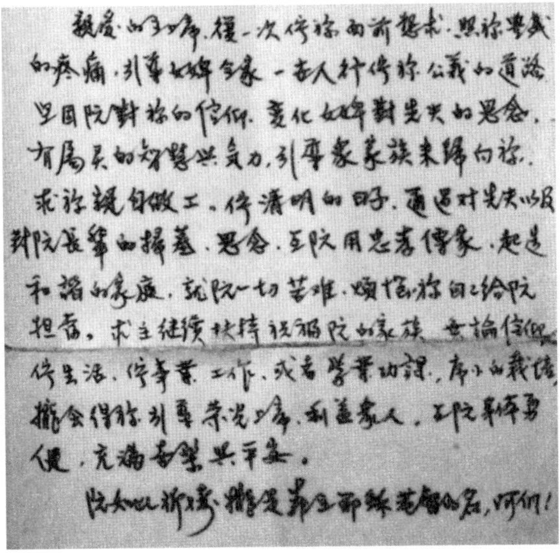
親愛的主上帝，複一次佇祢面前懇求，照祢豐盛的疼痛，引導女婢全家一告人行佇祢公義的道路，堅固阮對祢的信仰，變化女婢對先夫的思念，有屬天的智慧與氣力，引導家族來歸向祢，求祢親自做工，佇清明的日子，透過對先夫以及對阮長輩的掃墓、思念，互阮用忠孝傳家，起造和諧的家庭，說阮一切苦難、煩惱，祢自己給阮担當。求主繼續扶持祝福阮的家族，無論信仰、佇生活、佇事業、工作、或者學業功課，序小的栽培，攏會得祢引導，榮光上帝，利益家人，互阮身体勇健，充滿喜樂與平安。

阮如此祈禱，攏是靠主耶穌基督的名，阿們！

讀到這裡，原本在喪禮還強忍著不哭的我，忍不住流下一滴滴感恩的淚水。我的外婆沒有留給我金銀珠寶，但是卻留給我最無價的寶藏：一代代傳承、在艱苦中仍然持守的愛。

因著寫這本書，我有機會和自己一起重新回顧過去幾年所經歷的每一步。剛開始寫時，我以為這本書是關乎自己學習獨立的過程。然而，當我細細思想，我才意識到，相反的，出走讓我看見自己是多麼的軟弱，卻也是在這些軟弱之中，看見背後所支持我的愛是多麼的無條件、始終不變。

我的父母不常用言語去描繪他們對我的愛，但是我始終記得，有一次，夜深人靜時，我的爸爸娓娓告訴我在他心中難以磨滅的一幕：在我升小學之前的那個暑假，家裡的經濟出現了很大的難處，因此我們必須搬到永和一間非常小、非常破舊的宿舍中。炎熱的夏天裡，爸爸帶著我，提著一桶白色油漆，重新粉刷所有牆壁。那時，搞不清楚發生什麼事情的我，看著斑駁的牆壁、滿地螞蟻、死蟑螂，小聲的問他：「爸爸，我們可不可以不要搬到這裡？」

爸爸講到這裡時，眼睛忽然充滿了淚水，說：「那時候，我便下定決心，生活再怎麼苦，我都要讓妳幸福，所以我告訴妳：『安婷，不要擔心，爸爸保證，住在這裡的日子會是最快樂的！』」

寫這本書時，我時常不知道該在哪裡把我的家人寫進去——畢竟，不管是在美國、迦納、海地、還是柬埔寨，他們理論上都沒有跟我在一起。但是，如果不是這一對即使在最辛苦的時候，仍然堅持給我最飽滿的愛的父母；如果不是他們每一天不停止的為我禱告、不是他們在我犯錯時仍然無條件的接納我，告訴我「妳很特別」，我不可能憑著自己找到走下去的力量。他們給我的寶藏，是「家」。所以，最終，出走，是因為有家，也是為了回家。

我決定放棄台大、離開台灣的時候，全世界似乎都覺得我瘋了。那時，是我的父母為我扛下外界所有壓力，告訴我：「爸爸媽媽會為妳禱告，我們知道神會給妳最好的。」

五年後，當我躊躇不定，不知道是否該放下我在美國的生活，回台灣創立 Teach For Taiwan，是我的爸爸跟我說：「安婷，不要害怕失敗。妳既然看到了需要，就該回來。」

我不知道是多深的愛，讓他們即使知道自己的孩子會受傷，仍然願意放手讓我飛。我不知道是多大的愛，讓他們即使被年少無知的我時常視為理所當然，仍然願意默默在早晨去市場，買一碗新鮮的雞精回家，放在我床前，希望我健康。

我的爸媽沒有高學歷、高名氣或是財產，但是他們用他們的生命給我最強大的後盾，讓我有力氣、有空間去冒險、去探索，去哭、去笑、去愛、去破碎。

五年的出走故事，也是五年追尋什麼是愛、如何去愛的過程。回頭看，才發現愛不是我要去的方向，而是我出發的地方。

他們的愛，就如同這首詩歌所寫的：

愛親像風吹／輕輕放互阮飛／毋管天頂偌呢闊／毋管濛霧偌呢大／在濛濛的風雨中／風吹永遠袂失迷／自由和自在／永遠牽著阮的線／永遠看顧阮

或許，我也很像外婆，很少輕易表露我的情感，我也曾經以為成熟的表現便是不再靠父母。但是現在，我願這本書不只關乎我，更向我的父母的愛與榜樣獻上深深的感謝。是他們的愛成就了我的故事——我的故事很平凡，但他們的愛一點都不平凡。

Nay, in all these things we are more than conquerors through Him that loved us.

—Romans 8:37

1

流浪：起點

"There are only two types of people in exile – those who are victims and end up committing suicide in the Seine and those who become warriors, who use all their sadness to build an engine with big wings to fly," she said. "Exile is my power."

— Golshifteh Farahani, New York Times interview August 9, 2013

「這世上只有兩種流浪人：一種成為受害者，選擇在塞納河終結生命；另一種，成為戰士，用他們所有的愁去建築一個讓他們大大展翅高飛的引擎，」她說：「流浪是我的力量。」

——伊朗裔旅法女演員法拉哈妮

（《紐約時報》訪問，2013/8/9）

我差不多十歲的時候，三毛成了我最喜歡的作家。

三毛之外，我幾乎只讀另一個人的文章：張愛玲。這兩人真都不該是年齡剛跨進二位數的女生會喜歡的作家。我的媽媽當時有些緊張。對她來說，這個女兒似乎從小心中就住了個老人。她記得，當她帶我去公園玩耍，站在溜滑梯旁看著其他小朋友爭先恐後的搶著溜下去，五歲不到的我一臉祥和的站在旁邊，「沒關係，讓他們玩。」我會說。她也記得，當她帶我去婚宴，或是家中邀請她和我爸爸的朋友，我從來不跟其他孩子玩耍，「拜託，讓我留在大人桌聽你們說話。」我會說。而且，我還會似懂非懂的跟著他們的話題大笑、點頭。「這是個還沒上小學的孩子啊！」我媽媽想。「到底她在想什麼？」我想，若是當時的媽媽看過布萊德．彼特主演的「班傑明的奇幻旅程」，她會覺得有些欣慰，至少有這個班傑明和她女兒一樣，似乎都患了一種「幼童老人症」。

思緒回到三毛與張愛玲身上——現在回頭看，我嘗試猜想十歲的我為何對她們深深著迷。這兩個女人唯一的共通點，也許只是她們的流浪：三毛的台北到撒哈拉、愛玲的上海到美國。我猜，或許這也不是那麼不合常理。上小學前，還住在台北的我們因為各式各樣的原因就搬過四、五次的家，而十歲的我，才剛剛從台北搬到台中。只不過，如果流浪的同義詞是「無家」，那麼這樣的憧憬仍然是突兀的。搬家，搬的是「家」，不論身在何處，當時的我從未離開家或失去對於「家」的體認和安全感。

不管如何，二〇〇九年九月，我坐在台北飛往紐華克機場的飛機上，咀嚼著這忽然突襲我、關於這陪伴我成長的兩個女人的回憶。莫名其妙的，我鼻頭一酸，毫無預警的失聲痛哭。那時的我，十九歲，是將哭泣和懦弱畫上等號的。在一片鴉雀無聲的機艙裡，我緊張的抓起原本披在腳上的毛毯，直覺的往嘴巴塞，第一次也是唯一一次名副其實的咬緊牙，將想要哭出聲的力氣往上擠到眼睛旁，用盡力氣流眼淚。

流浪，卻不孤單

這份「失控」對我而言，似乎和我兒時對流浪者的崇拜一樣難以理解。那並不是我第一次飛往美國。事實上，那甚至不是我第一次飛往普林斯頓，那所全美公認最美、最令人夢寐以求的大學；那所因錄取我，讓我在台灣初次嘗到出名滋味的學校。

那次在飛機上「失控」時，我已經讀完大學一年級，在非洲迦納和台灣度過了第一個暑假。我的第一年，多采多姿，趣事、見聞一籮筐，甚至利用暑假的最後一個月完成了我的第一本書：《學會堅強，我考上普林斯頓》。多諷刺，不是該「學會堅強」了嗎？竟然在交出書稿後不到一個禮拜，在離開台灣時痛哭失聲。

我理當是該滿懷興奮的回去美國，展開第二年更璀璨的留學生活。我理當是該滿懷感恩，尤其當我身處在飛機裡，即將再度降落高中時魂牽夢縈的新大陸。我到底怎麼了？

我從不在飛機上寫作或打開電腦，尤其是為了在長途航程的各樣不適中求得生存，我想所有新生兒的媽媽都特別喜歡和我同班飛機。但在那抽搐的當下，我下意識從包包裡抽出了電腦，不顧熟睡的鄰居對我發亮的螢幕皺眉，如洪水洩洪般的「倒」出了這麼段文字：

2009.9.12 9:02 p.m. 飛往紐華克機場的機上

我到現在才開始相信暑假真的結束了。五月底考完最後一科期末考的時候，覺得四個月的暑假對我來說根本是永遠。就像每年暑假開始前一樣，我興奮的想著即將到來的非洲旅程，列下暑假必讀的書單，還有在學校忙課業時沒有辦法做的一堆事——好好思考未來主修方向、明年的選課，還有最重要的運動減肥等等，還想到在睽違七個月後終於可以回到台灣，看到爸爸、媽媽、外婆和我所有的老朋友，終於可以吃到道地的美村點頭冰、牛肉麵和茶湯會，終於不用等一個半月還得付一百塊美金掛號費才能看到牙醫，終於吃完飯不必費盡心思計算要留多少小費……

原本以為在美國這一年的精采，和接下來在非洲忙碌充實的生活會沖淡我這番思鄉之情，我卻無法詮釋坐在從迦納機場的候機室，明明知道得在四十八小時內從非洲飛到歐洲再飛到美洲才能回到台灣，心中卻有難以壓抑的竊喜。

驀然，我才發現，我對台灣這片土地的情感，是一輩子剪不斷、理還亂的。我想起小時候去美國的時候，總覺得美國好、美國妙、美國好得呱呱叫。真正離開了，才知道英文講得再怎麼好，紐約混得再怎麼熟，也比不上跳上計程車就能和運將用台語抬槓的快樂，取代不了走進黃昏市場從賣雞的、賣魚的到賣青菜的都能與我稱兄道弟的人情味。能夠做台灣的孩子，是我一輩子的驕傲。

剛剛看完飛機上播的珊卓·布拉克主演的「愛情限時簽」，電影裡飾演女強人的她彷彿刀槍不入，但是竟然被發現也會在廁所裡偷哭。看完以後，明明是齣喜劇，我卻不停的流眼淚。想起過去的這一年，我從被爸媽保護得好好的嬌嬌女，被迫一夕之間變成從搬家到辦信用卡都必須自己來的「獨立新女性」。常常有人跟我說：「安婷，妳好了不起喔！這麼小就這麼獨立！」但是，大概沒有人會相信，當一個人孤單坐在機艙裡的時候，我還是會偷偷問自己，為什麼我不能繼續當媽媽的小寶寶就好了，為什麼我非得要自己飛這麼遠，想家的時候不能跳上統聯或是高鐵就好。我也知道，我不在家的這一年，爸媽承受了許多酸言酸語。「你看吧，他們就是把孩子都放去國外啦，現在只能跟狗玩！」

我要再一次謝謝我的爸爸媽媽，謝謝他們讓我飛，告訴我有夢想就該勇敢去追，讓我不留下任何遺憾。我雖然和他們常常必須相離十萬八千里，心卻無比親近。要是他們把我綁在身邊，我永遠不可能去征服更多生命中的高峰。過程或許辛苦，或許高處不勝寒，我會怕，也會灰心，但總是爸媽無條件的支持與愛，讓我重新找到勇氣，我從不孤單。

成為流浪者的洗禮

四年後，我在台北松江路九十三巷恬靜優雅的「人文空間」咖啡廳裡，和採訪我的雜誌記者聊起這段往事。

「我不懂，過愈久其實愈不懂，到底有什麼好哭的？」我告訴她，「我從小崇拜自由，幻想成為三毛和張愛玲筆下那種獨立、有自信去編繪自己人生的新女性。當時的我該算是Dream come true! 哭什麼呢？」講著，我自己都笑了。抬起頭，預期她也會跟著我笑。

「妳真的不懂嗎？」她卻半皺著眉，一邊做筆記，一邊回我。我挑起眉頭。

她看著我，放下筆，把錄音暫停，專注的回我：「三毛和張愛玲最大的共通點，不是流浪，而是即使在她們最璀璨的篇章中，都抹不去的孤獨。在我看來，十歲的妳，憧憬的不是真實的流浪，而只不過是將青少女的為賦新詞強說愁提前幾年罷了。

「孤獨，在遠觀時浪漫，甚至散發出致命的吸引力。但是一旦真正進入我們的生命，卻是一個無情的蛻皮過程，強迫我們不斷的去習慣抽離對於任何外在人、事、物的依賴。」她喝了口茶，「十八歲的妳，因著對於流浪的浪漫憧憬把自己從台灣放逐。但是十九歲的妳，在一年之後，進入了為了掙脫依賴的陣痛。那是成為真正流浪者的洗禮啊。」

看著她，我有點不服氣的反駁：「但是，在那之後，我又流浪了更多、更遠的地方——海地、柬埔寨、法國、瑞士、義大利、西班牙、英國、德國……現在，我想起這些旅程，除了微笑還是只能微笑，甚至會說它們形塑了現在的我。我把它們看做寶藏，怎麼能說我因為流浪而哀愁呢？」

她頓了一下，然後也笑了，說：「這樣說或許有點對前人失敬，但妳可能從三毛和張愛玲的流浪中，蛻變到了一個更高的境界。」我又要反駁，她舉起手示意讓她說完，「對她們而言，孤獨是為了流浪，不得不學習共存的旅伴。但是，孤獨是不能和生命力共存的。一個人只能選擇戰勝它或是被它戰勝。三毛和張愛玲，一輩子都沒有辦法擺脫孤獨在她們生命中的力量。這是矛盾的一件事——流浪愈多，理論上會認識愈多的人、看到愈大的世界，卻也同時加深她們的寂寞。

「好了好了，我快說完了。」她自嘲地說，又喝了口茶。「換句話說，或許，她們曾經希望這個世界透過流浪所讓她們汲取的養分，終究屬於這個世界，她們帶不走，也或許為了保護自己不要再痛，麻痺了、退縮了。這很像是妳十八、十九歲時的狀態，妳是因為痛和孤獨而哭啊。但是啊但是，我認為最高境界的流浪，是在陣痛之後，不是與世界開始保持距離，以致於去哪裡都是抽離於自己的孤獨中，反而是在褪去一層層的老皮之後，用最真實卻也最有韌性的自己，把世界開始從身外融入心中。唯有這種充實感能夠擊退孤獨，而且讓一個人從流浪中獲得更多的力量。

「我想，這麼一想，愈流浪愈能微笑的，才是最老練的流浪者。妳，還有妳心中的那個老人，在二十三歲就達到這種境界了，恭喜妳。」講完，她滿足的咯咯笑了幾聲。「離題了，我們繼續採訪吧。」

一到美國就變了

我想起二〇〇八年第一次到普林斯頓的情景。媽媽和我一同飛到學校報到。我們在紐約甘迺迪機場降落，驚訝於這全世界最忙碌機場的混亂無序。帶著不太會說英文的媽媽和加起來四個快一百公斤的行李，我雖然也是第一次到這兒，卻下意識地不斷說：「我知道……我知道……」，在這偌大的機場裡，在沒有智慧型手機的年代，我跌跌撞撞卻又強勢的不疾不徐，終於風塵僕僕找到了接駁車的櫃檯。

"Hello, good afternoon!" 我如釋重負的向櫃檯裡的小姐打招呼。她頭也不抬的繼續盯著她的電腦螢幕。等了五秒，我又說：「妳好？我們有預約下午兩點半開往普林斯頓的接駁車。」我從口袋裡拿出皺皺的預約收據。她頭也不轉，眼睛往我這瞄了一下。

「妳說什麼車？」她心不在焉的問。

「往普林斯頓的接駁車，兩點半的。」我說。

「兩點半？他們已經開走了吧。」她說。

「開走?!但是現在才兩點二十分啊？」我驚訝的問。

她聳聳肩。「大概今天提早到了吧！我怎麼會知道。」

「那我們該怎麼辦？」我問。

「呃……下一班車大概還有一個多小時吧。不然妳坐在旁邊等等看。」

「等等看？所以不確定有車嗎？」

她不耐的翻了白眼。「小姐，我們這個機場很大，我沒有辦法控制車子什麼時候到好嗎！要看其他航廈有多少乘客啊，司機也不一定可以準時啊。反正妳就坐著，總會有司機來叫往普林斯頓的車，妳不會回不去啦。」

這時，在旁邊的媽媽雖然不全然聽得懂，卻聽得出有些不順利，緊張的拉拉我的外套用中文說：「還好嗎？怎麼了？」

我正要回答，櫃檯裡的小姐聽不懂中文，似乎覺得我們在說她的壞話，火氣上來了，「還有其他問題嗎？」她大聲問。

「沒有……沒有……對不起、對不起，我們在旁邊等。」我不知為何臉紅了，緊張地拖著行李和媽媽到旁邊坐下。

接駁櫃檯旁邊的座位只有不到十個，我們搶到了最後兩個座位。我旁邊是一個身上有些異味、不斷對自己喃喃自語的長髮男子，媽媽旁邊是一杯打翻在椅子上的 Dunkin' Donuts 冰咖啡。我們盡可能的遠離兩邊緊縮著。

沉默了一分鐘，媽媽問：「所以，我們的車子快來了嗎？」

「不知道，那個小姐說好像已經開走了。」

「開走了?!那妳沒跟她說時間還沒到不是嗎?那是他們的責任吧!」

「她說這種事情很常見。」

「常見?哪門子的道理?哪有人生意這樣做的?那下一班車呢?」

「她說大概還有一個多小時。」

「一個多小時?」媽媽感覺快爆炸了,「那妳還跟她說對不起?他們沒有要賠錢嗎?這太過分了吧!」

「好了啦媽!」我緊張的東張西望,看著往我們這邊投注好奇眼光的人們,「美國人都比較隨興啦,這是他們的文化,我們不要大驚小怪好不好!」

媽媽不可置信的盯著我,「妳為什麼一到美國就變了?這種事情在台灣妳一定力爭到底的,為什麼到這裡妳還要跟他們說對不起?」

我回答不出來,但卻也有點惱羞成怒,「妳聽不懂英文,不要斷章取義啦!這不用妳擔心好嗎?」

「他們是不是種族歧視啊?」媽媽不放棄的繼續義憤填膺。

「我的英文又沒有腔調,才不會咧,妳不要那麼敏感啦!」我自負的頂回去。

過了一個多小時,終於有一位禿頭凸肚的老兄拿著一個像點名簿的東西出現。「往普林斯頓!」他喊著。我忙不迭的衝上前問他名單上有沒有我的名字。「妳叫什麼名字?」

"An-Ting Liu." 我回答。

「Umm... 怎麼拼？」

"A-N-T-I-N-G L-I-U." 我重複了一次。

「喔喔，所以妳是姓安（An）還是姓驢（Loooo）？」

「呃，我姓劉（Liu）。」

「喔，那個字這樣唸喔……好吧，我看看……驢小姐……驢……驢……驢……，沒有耶，妳確定妳有預約？」

「有啊，原本是預定上一班車，但是他們好像提早開走了。」

「有這種事？太好笑了。那這樣吧，妳們可能要擠一下我這班車喔，人有點多。」

「沒關係，所以你需要我的收據嗎？」

「喔沒關係，我把妳的名字加在這裡就好了。」

我看著他拿出一支鉛筆，豪氣十足的在點名簿寫上「驢安」（「我猜 Ting 是妳的 Middle Name 吧？」他問，我沒有力氣反駁），隨興到真搞不懂我預約到底是有什麼好處。不過，我更搞不懂我為什麼還是下意識的不斷對這位老兄說「對不起、對不起，謝謝、謝謝」，甚至附上幾個小鞠躬。總之，我轉身帶著疲憊不堪的媽媽和我們的行李，往接我們的車子——一輛不比幼稚園接送車大多少的廂型車——走過去。

車子一上路，我便不支昏睡在媽媽的大腿上。大概一小時後，我終於醒來，發現我們對面坐的是一個金髮碧眼的漂亮女生，和善的朝著睡眼惺忪的我笑了一下。

「她是個新生（freshman）吧？」她問我媽媽。媽媽聽不懂，頓了一下。

聽到這個短暫的沉默，我緊張的坐起來，紅著臉擦擦臉頰上的口水痕，說："Yes, yes, I am a freshman." 然後，我又說：「對不起，我媽媽不會說英文。」

「這有什麼好說對不起的呢？」她笑說，「我叫做Lizzy，今年升大二，是田徑隊的。」接著她用刻意慢下來的速度，對我們說：「看，我們要進入校園了喔！」邊說，邊指著窗外一片無盡的綠，「他們叫紐澤西 Garden State（花園州）不是沒理由的吧！」

我往窗外看出去，那是我對普林斯頓的第一眼，是在校園東邊南北向的華盛頓路上，從南邊一號公路開入位於公路北邊的校園的路上。我們經過了足球場，經過了後來知道叫

卡內基的湖，兩旁的樹之間掛了一張白色旗幟：“WELCOME TO PRINCETON UNIVERSITY”，我閉上眼睛，求我自己將這幾張「記憶相片」好好收存。

車子緩緩開入停車場。「到了！到了！」活潑的 Lizzy 邊說邊開心的跳下車。「到了！到了！」我默默的跟自己複誦著。我到了這曾讓我魂牽夢縈的夢想之地，看見一個個和我一樣來報到的新生，瞠目結舌的看著這美得不真實的校園，但我卻沒有想過，在這一天中，我講過最多次的字眼，會是一個個的「對不起」。

「對不起、對不起」，我這個來自台灣，既自信卻又懵懂、既自負卻又自卑、既好強卻又脆弱的「劉姥姥」，就這麼進了大觀園，就這麼開始了五年的自我放逐、五年的生存歷練、五年的破繭而出。到頭來，這五年的流浪，像是被陶匠磨塑著的陶器，又捏、又敲、又拉、又打，的確付出了不少代價，但卻清楚這些年所帶給我的，是我從未想像過的美麗。

流浪，確實是我的力量。

五年的生存歷練、流浪，像是被陶匠磨塑著的陶器，又捏、又敲、又拉、又打，付出了不少代價，但卻帶給我從未想像過的美麗。

大一的第一間宿舍

2

迦納：勇敢做一次白紙

"...I look back to that summer we met and your personality was just something - in a very positive sense. You know I'm always grateful for meeting all the group from Princeton but especially you. For some inexplicable reason I feel I got my life back on track after meeting you...You really did touch me in a wonderful way. Just know that no matter what you go through you are a wonderful person and deserve to be happy..."

— Conrad Kyei Nanah Andoh, then a local university student who worked together with me, wrote this on 6/28/2010, 2 years after we met in Ghana

我回頭看我們相遇的那個夏天，而妳真的是「something」——我是說一種非常正向的「something」。妳知道我一直都很感謝能碰到你們這群來自普林斯頓的朋友，尤其是妳。因為一些無法解釋的理由，在我認識妳之後，我覺得彷彿重新找回我的生命。妳真真實實的、用一種極為美好的方式，觸摸了我的心。我只想讓妳知道，不論妳經歷什麼，妳是個美好的人，而且，妳值得快樂。

——康拉德·切·那那安度，迦納當地與我共事之大學生，寫於 2010/6/28，我們於迦納相遇的兩年後

“Wanna go to Africa this summer?” 大一放寒假前的最後一天，我在團契辦公室所在的墨雷小屋（Murray Dodge）一角碰到大我一屆的學姊Megan，她一派輕鬆的劈頭問了這無厘頭的問題。

“Africa?” 我驚訝的回：「為什麼會想去非洲？」

「嘿嘿，為什麼喔……」「古意」的 Megan 學姊摸了摸頭，「問我不準啦，我是從來沒有離開過美國本土的老土。可是，聽說這次計畫是學校新推的，叫做『全球講座』（Global Seminar），全校只錄取十五個學生，上的話，兩個月在迦納的所有費用全免，除了可以當老師，還會有額外的生態講座，可以抵掉自然科必修學分①喔！」

「可以抵自然必修學分?!」對於一個化學元素也不會用英文說的我，還沒有等學姊回過神，就火速從背包裡拿出電腦，立馬下載申請書。「謝啦，Megan！」給她一個擁抱後，我便衝回房間裡開始埋頭撰寫曠世申請巨作。一個禮拜不到，我便將申請書連推薦信全數交出。

幾個禮拜後，我收到了面試通知書。竊喜之際，我連準備都忘了，面試那天，我手舞足蹈走進了指定的教室。殊不知，裡頭坐了全校研究非洲最重要的大老：來自奈及利亞的索柏野久（Soboyejo）教授，冷冷的看著我走進教室，臉上一絲笑容也沒有。

“Hello.” 他說。

「教……教……教授……教授好。」我結巴的回答。

「告訴我，為什麼想去非洲？」他問。

真有趣，明明我才問過學姊的問題，我自己卻回答不出來。

「我……我認為非洲是個神祕的地方，是個很需要我們幫助的地方。」

教授抬起了一邊的眉毛，「喔？是嗎。」

他停頓了一下，那空白的十秒真像有好幾小時。

「那麼請說說，我們所要研究的主題之一，Sustainability（永續性），該如何定義？」

「嗯，是的…… Sustainability 就是，可以經營很久的性質，嗯……也就是可以持續的永遠持久下去的一種很好的特性……」

他又停頓了一下，不過這一次他把兩邊的眉毛都提起來了。

「好，妳可以走了。」

走出教室時，我發現我全身都是冷汗，根本完全放棄任何被錄取的希望。

兩個禮拜後，我在信箱裡發現了一封錄取信。「恭喜妳，在眾人中獲選成為十五位計畫參與者之一。」正當我整個頭腦都塞滿了問號的時候，我看見教授特別在錄取信的角落用原子筆手寫著：「妳是張白紙，歡迎來非洲，來染上我們真正的顏色。」

就仗著那句話，我放棄了去中國和法國的機會，說服了電話另一端焦慮的爸媽，決定踏上非洲大陸，勇敢做一次白紙。

歡迎來到非洲

這是我下飛機後，透過遊覽車，在迦納照的第一張照片。「嗯，跟我想像中的非洲差不多。」我心想。道路大都是泥土，街上幾乎沒有紅綠燈，車子隨心情也靠魄力前行，沒有不塞車的路段，只有刺激的喇叭聲相伴。路邊和路上充滿了衣衫不整的小販和行人，路旁也堆滿了垃圾，而且所有的女人都有頭頂重物平衡的特異功能。而空氣裡，泥沙瀰漫，蚊蟲滿布，混著沉沉的濕氣。說也奇怪，當下我的第一個想法是：我好像回到了爸爸媽媽小時候的台北。

從機場到我們宿舍的路上，經過了看似毫無止境的一片片灰茫茫的簡陋房子。若是有顏色出現，也一定是迦納的國旗色：紅、

黃、綠，不然就是壟斷市場的幾間手機大牌，收購民房的外表，塗上他們的顏色。在首都裡的主要道路，雖然還是有鋪上水泥，但是空洞滿布、烏煙瘴氣，而且有無止境的小販——賣芭蕉乾的、礦泉水的、麵包的、冰淇淋的……大剌剌的穿梭在道路中間，尤其看見車內的外國面孔，若是有任何眼神交會，就會用力拍打窗戶，甚至連車子開動都會追著跑。

當遊覽車慢慢駛離市區，房子的間距漸漸大了，穿插了更多自然在其中。店家的看板大都是復古的「手繪版」，上面的模特兒也清一色是當地的黑皮膚面孔。如果是美髮店，提供的不只是一般洗髮、剪髮服務，還有將捲髮編成滿頭小辮子的服務。只不過，沒有一個店家裡面有燈。

到宿舍的路程大概兩個小時，除了靠著照片記得當下的某些細微感受，我只記得很認真的不斷點頭：「對，非洲就是這樣，跟我從小在聯合國或世界展望會的手冊上看到的照片很像，很窮、很髒、很落後。」甚至，當下我還煞有介事的跟自己說：「我一定要加油，我一定可以撐下去！」

殊不知，真正貧窮的、落後的，是我自己。

親吻幾內亞灣的海水

遊覽車慢慢開進我們的宿舍園區。這個小小的園區，是個迦納裔的女藝術家在美國發展多年後，發願回家鄉開闢的小小藝術園區，不管是員工或是來訪的學生，都親暱的管她叫「Mama」。裡面的每一個屋子、每一張家具，都是她親手設計與建造的。因此，雖然環境簡陋，甚至沒有熱水可以洗澡，也沒有冷氣或是電燈（在房裡我們必須用手電筒），但是處處可以看見她的用心。我和Megan學姊被分到同一間房，一走進房裡，就看見衣櫥上放了一朵新鮮的花朵，歡迎我們到來。每張床，也都細心的圍上蚊帳。

宿舍園區就坐落在一大片岩石和沙粒共同堆積成的海邊。從我的房間出來，不到三十秒，就赫然發現我和從前只在地理課本裡畫上紅線的幾內亞灣，毫無隔閡的面對面。那即將是我第一次觸摸非太平洋的海水，我身旁的同學早已承受不了熱氣，一個

個把自己拋入水中，在四濺的水花中驚呼著。我不知道在矜持什麼，但是我慎重的深深吸了一口氣，然後才蹲下來，讓海水親吻我的手。

我通常不是個矯情的文藝少女，但從那天起，我始終用「親吻」這個動詞來形容每次我和海的接觸，因為在當下，我才第一次意識到自己是個海島的女兒。大學第一年，在不臨海的普林斯頓，始終覺得生命中什麼重要的元素不見了。在親吻到幾內亞灣海水的那一刻，忽然好像將一絲絲我從不願意承認的思鄉之緒隨著海水的搖擺而抽離。

對我來說，海水就像是《哈利波特》裡的儲思盆，聽到海、摸到海的當下，我記起十七歲時，和我那群瘋癲的女朋友們第一次自己背起背包殺去墾丁，我感受到那個晚上的夜風，聽得到此起彼落的笑聲，我記得我們第一次嚐到台灣啤酒的暢快，記得躺在沙灘上看星星的無上滿足。海水，讓我記起墾丁、記起澎湖、記起金門、記起台東、記起青春、記起台灣。從此以後，我每到一個新的地方，總會第一個先尋找海，沒有海，也會找湖。總之，這一切對海的眷戀，或許一直在我的血液裡，卻真正起始於在迦納與幾內亞灣的初吻。

好了，浪漫就到此。一言以蔽之，這個位在迦納首都外名叫科科比帖（Kokrobite）的小村落的宿舍園區，和其之外的迦納，或許，是最近也是最遠的距離。

迦納的夥伴

「咚咚咚咚咚……起床囉！咚咚咚咚，小姐們，先生們，起床囉！」

早上七點，園區的管理員 Felix 就擊著當地的皮鼓巡迴叫我們起床。他個子很小，但是頭非常的大，而且眼睛更大，若是我們爬不起來，他會用他大大的眼睛靠在你房間的窗戶旁，隔著紗窗，為你深情款款的獨奏。

到達的第一天，大家的時差都還沒調過來，遠遠的看，就好像 Felix 打著鼓，趕著一長排待宰羔羊，緩慢朝園區末端的餐廳走去，堪稱一景。

園區的小廚房由當地一對年輕夫婦管理，負責打點我們的三餐。早餐以「西式」為主——也就是白土司配花生醬。「餐廳」在戶外，有個小屋頂遮著，前方幾步之遙便是海。我邊坐著吃，邊昏昏沉沉的想著，不是來非洲「犧牲服務」嗎？怎麼感覺有點像在度假村呢。

正緩慢咀嚼食物和思緒的同時，我忽然意識到身旁的同學好像少了幾位。「其他人呢？」我轉頭問身旁的同學。「他們啊，中暑的中暑，水土不服的水土不服，都被送去附近的醫院吊點滴了。」我身旁的中國裔同學回答我。我又轉頭環視一周，發現有趣的是，十五個同學中，有十個美國人，五個國際學生，而其中「掛點」的五人，全都是美國人。即使是留下來的同學們，也都病厭厭的，都為著這咄咄逼人的濕氣和熱氣抱怨著。忽然，我發現在台灣長大的我竟然有這種出乎意料的優勢，於是我虔誠的在心中默默感謝台北和台中盆地用心良苦的養育之恩。

吃完早餐，園區門口傳來一陣小小的騷動。遠遠的，我看見一輛廂型車開進來，接著從裡面跳下三個年紀看起來和我差不多的當地年輕人，他們一語不發的從後車廂中開始卸下他們的行李。然後廂型車開走，我和其他幾位同學看著他們，面面相覷，雖不致害怕，卻十分困惑，不知該如何開口。

說時遲那時快，園區辦公室裡跑出了一個瘦高的中年人，急促甚至有些滑稽的跑到我們之間，一邊喊著：「唉呀！忘記跟你們介紹啦！」

「呼呼，哈哈哈！」他邊喘氣，邊用極其興奮的手勢示意大夥兒靠近一些。「我的名字叫做Philip，是Mama叫我來的，我是你們在迦納兩個月的頭頭喔！」這時，他隨心的跳了一段即席搖擺舞，頓時覺得好像看見了黑人版的丸尾，原本嚴肅的大家也不禁噗哧笑了出來。「來來，介紹一下，這三位同學是來自迦納最優秀的大學『KNUST』（科瓦美．恩克魯瑪科技大學的簡寫），是特別選拔出來和大家一同度過這兩個月的當地夥伴呦！」講完，他又搖擺了一番。「好吧，大家幫他們一起拿行李進去吧！」

於是乎，我踏向前，向其中一位年輕人揮了揮手，「Hello，我叫安婷，你呢？」他靦腆的笑了一下，「我叫Conrad，很開心認識妳。」

他伸出手，我也伸出我的手回握了一下。當時我並不知道，我正在握手的這個男孩，會成為我生命中最深刻的朋友之一。

大王叫我罰站

給了我們兩天的緩衝期後，每天早餐後，七點半開始，我們便必須上兩小時的當地方言課。迦納當地的官方語言雖是英語，但是部落的方言無數，其中最多人使用的有三種，而我們所學的是超過一半人口使用的 Twi（多威語，阿坎語的一種方言）。

教我們 Twi 的老師，皮膚黑得發亮，大約五、六十歲。雖然一開始不敢說出我對他的第一印象，不過之後連我的迦納朋友都同意我的看法，所以我希望這麼說不會讓大家覺得是種族歧視，但是……他真的、真的長得非常像電影裡的金剛。上課第一天，他走進園區裡的教室，走向角落的沙發，像個大王般坐了下來。這時，有幾個睡過頭的同學匆匆忙忙衝進來，霎時間，聽見大王用低沉的嗓音說：「遲到？罰站！」這幾位同學都是美國人，成長過程裡從來沒有被體罰過，所以一時還會意不過來。「對不起，你說什麼？」一個皮在癢的同學大聲問。「罰——站！很難懂嗎？」大王怒吼。滿頭霧水的美國同學們也只好尷尬的站在座位旁。

就在大家都感到尷尬的同時，旁邊忽然傳來很細微的竊笑聲。我轉頭看，原來是 Conrad。他看見我在看他，便靠過來用悄悄話跟我說：「這種老師在我們迦納很典型，我們形容他叫非常『殖民者』（Colonial），哈哈，看美國人的反應真有趣。」

「天啊，這種老師我們台灣也不少耶！」我回他，我們交換了一抹「我懂你」的微笑。「專心聽課！」大王的怒吼又從背後傳來。

大王的風格雖然威武，但是教課的無聊程度卻是最令我戒慎恐懼的地方。不斷的重複單字和文法不提，所舉的例句也都令人摸不著頭緒。比方說，學完「朋友」這個字，又學到數字時，他把我叫起來問：「妳有幾個朋友？」我頓時間傻住，我有幾個朋友，我還從來沒有數過，當然，免不得招來一陣碎碎唸：「不是叫你們昨天回家背一到一百的數字嗎？」

又因為每天殘酷的在早上七點半上課，我練就了從不失誤的、在上課開始十分鐘內必定昏睡過去的功力。如此挑戰下，該如何在大王的課裡生存呢？我的救星，當然就是靠坐我旁邊的 Conrad，總是在關鍵時刻用筆把我戳醒。但是有一次大王終於忍無可忍，在我驚醒後叫我站起來示範自我介紹。

我：「呃……」Conrad 悄悄說：「我鄃特三恩。」（你好嗎？）

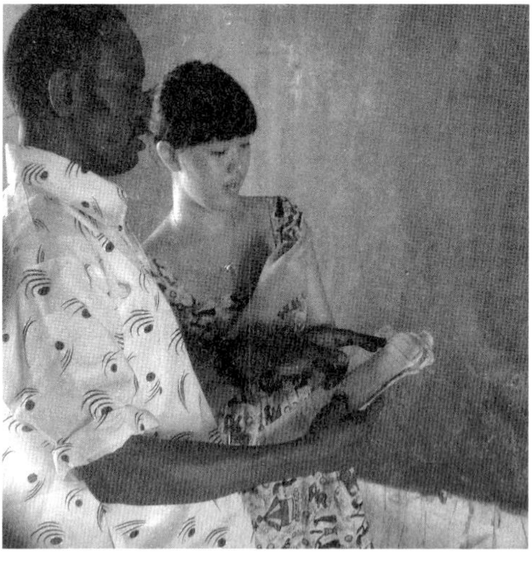

我：「握鮈……鐵三！」Conrad又悄悄說：「每丁蕊 Conrad。」（我的名字是 Conrad。）

我：「每丁……壘 Conrad！」（我的名字是 Conrad。）

大王抬起了一邊眉毛，「妳的名字叫 Conrad？」

我結結巴巴的硬掰：「嗯……對……在台灣……女生都喜歡叫自己 Conrad……」

全班哄堂大笑。用膝蓋想也知道，我那堂課當然是以罰站收尾。

我的孩子們

上完語言課後，我的主要工作便是在走路五分鐘以外的小學當兩個月的三年級助理導師。我的教室非常簡陋，全部都是用泥土砌成的，沒有電燈也沒有門，黑板也不過是一塊木板，上面塗了黑色的油漆。我的孩子們，只有一半有筆。開始上課的第一件事，是將學長姊留下來的筆記本擦乾淨，重新使用，每一張紙幾乎一碰即碎。雖是三年級，但因為當地是漁村，每逢需要幫忙捕魚或是下雨，很多人便不能來上課，所以學生年紀從九歲到十六歲都有。

每個孩子的制服，幾乎都是去捐衣中心搶來的。上第一堂課時，我看見一個男孩大熱天的卻穿著一件皮夾克，拉鍊拉得緊緊的，熱到臉紅通通的，快要中暑。我急著叫他把外套脫下，但是他打死不從。後來，我才知道他沒有在捐衣處搶到制服。那件皮夾克是他唯一的戰利品，所以一年四季，他都只能穿著它，否則，便衣不蔽體。

雖然環境的挑戰重重，但是我一踏進教室，還是被一個又一個熱情的小身軀撲倒在地上。「老師，老師妳從哪裡來？」「老師，我們等外國老師好久了！」「老師，妳有沒有男朋友？」「老師！妳可以教我們多久？」「老師！……」

卻在這個時候，有一個孩子吸引了我的目光。從我走進教室開始，她始終頭趴在桌上，執著的睡著她的大頭覺。上第一堂課時，我請她身旁的男同學搖她起床，沒想到她一被叫醒就作勢要K那個男生一拳。後來我才知道，她的名字叫做Mary，從來沒有給任何一個老師賞過臉。甚至有其他老師跟我說：「她很可怕，我們都被她K過，妳還是不要惹她吧！」

雖然大家都束手無策，但我卻固執的覺得，忽略她，太便宜她了。所以，每天早上進教室，我堅持要跟 Mary 說："Hello Mary, how are you?" 但是她始終無動於衷。"Hello Mary"、"Hello Mary"，我這樣說了三個禮拜，一點用都沒有。

到第四個禮拜，我說 "Hello Mary, how are you?" 她竟然抬起頭說：「我不好。」我好緊張，問說，妳怎麼了？為什麼不好？她又轉頭回去繼續睡覺。

"Hello Mary"、"Hello Mary"，又說了一個禮拜，第五個禮拜她忽然又抬起頭說：「我不好，我媽媽打我。」然後任我怎麼追問，她又不再理我。"Hello Mary"、"Hello Mary"，再說了一個禮拜。到第六個禮拜，她抬起頭說：「我不好，我媽媽打我，我姊姊也打我。」接著，我就再也沒聽她說過話了。

在那當下，我並沒有因為她終於跟我說話而感到開心，相反的，我感到極度的無助。我不知道怎麼幫這個孩子；我們的學校，連電燈都沒有，更別提輔導室……沒有其他老師願意幫我，而我只是一個人，沒有辦法不顧安全的來到她家……該怎麼辦呢？我唯一能做的，是持續著每一天問她好不好。偶爾，我會嘗試把她留下來寫作業，或是在下課時和她聊聊天，但通常，她也都不領情。我不斷的嘗試、不斷的失敗，很多時候，我覺得我是個失敗的老師。

在煩惱 Mary 的同時，我還面臨了許多新手老師所會面臨的挑戰。比方說，孩子們對於學數學和英文一點動力也沒有，「反正我長大還不是去捕魚，有什麼用？」他們會說。又比方說，當我在講台上解釋完一個概念，問孩子們懂不懂，他們都很有活力的回答：「有！」，但是真正考試完，才發現一半以上的孩子完全無法理解。再比方說，孩子們年紀差距實在太大，程度當然也相差非常多，程度落後的學生很多連識字都有問題，卻又好面子，既然不懂，便開始鬧其他的同學。另外，許多孩子的家庭都有酗酒或是暴力的問題，上課時，許多孩子處理衝突的方式就是有樣學樣、大打出手。而學校不僅沒有所謂的輔導室，更會直接叫他們別來上學了。不服我的時候，孩子們便開始說方言，任我鴨在聽雷。除了這些難題，當然更別提沒有足夠的筆、紙，該怎麼給孩子出作業或評量了。

我記得，站在講台上面對一屋子鬧烘烘的孩子，手上有教不完的進度和一個個零分的小考成績，叫天天不應、叫地地不靈，接近崩潰的無助。咬緊牙，我這菜鳥老師也只能從想得到的小改變開始做起。首先，我逼自己熟記孩子們的名字，而且將這些名字都用在數學和英文的範例中。每講到例題，就好像是小

小點名一次，而且讓名字被使用到的孩子上台，寫出老師剛剛講的範例。除了讓每個孩子都有上台的機會，數學問題好像也變得與他相關，讓缺少筆，不能常寫字的孩子們有練習寫的機會。

接著，我開始嘗試和最吵鬧、最不喜歡聽老師說話的那群孩子對話。既然他們不想跟老師說話，於是我決定拿出我的數位相機。孩子們幾乎從來沒看過相機，所以迫不及待的想要對相機說話。我拿著相機，花了一節課的時間，讓每個孩子都有和相機說話、被錄影的時間。我請他們準備短短的自我介紹，最後還得向相機先生回答一個問題：「你的夢想是什麼？」孩子們興奮得不得了，因為看著彼此錄影而目不轉睛，整間教室不用我大吼大叫，便學到了耐心，也安靜了下來。「我的名字叫伊曼紐爾，今年十歲，我想當個足球選手。」「我的名字叫伊莎貝拉，我……我想要當一個明星。」「我的名字叫做福雷得，我想要當一個士兵！」……每聽到一個答案，全部的小朋友都會開心地拍手。相機巡迴了一圈，我也去每個孩子的心房拜訪了一周。

保有一顆單純在乎的心

過沒多久，我兩個月的任期也到了。教學最後一天，我找到村中唯一的列印機，用廢紙印出了每個孩子在我相機裡的影像，一張張剪下來。我想，那或許是我唯一能留給他們的一點點禮物。來到教室，我跟孩子們說，我想要和他們一個個說再見，然後很快的做了一些號碼牌，讓每個孩子抽一個。孩子們正要興奮的彼此分享，我伸出手指頭說：「噓，這是我和你的祕密喔，除非老師叫到你的號碼，不然不要跟別人說喔！」可愛的小朋友趕緊將號碼牌藏到袖子裡或壓到屁股底下，引頸期待著自己的號碼被叫到。

或許因為知道是老師的最後一天，所以平常不天天上課的同學全數到齊，一整間教室坐滿了四十幾位學生。為了讓我和每個同學都能單獨說上話，我搬了張桌子到教室外，請每個輪到的同學來到外面。和每個孩子，我大概只有不到兩分鐘的道別時間。我將照片遞給他們，對許多孩子來說，這是他們第一次擁有一張自己的照片。然後，我只是一次次的重複著：「孩子，你很特別，老師雖然要走了，但是要記得，你很特別，上帝祝福你……」有的孩子點點頭，有更多的孩子紅了眼眶，還有幾個孩子，抱著我求我不要叫下一個號碼。而我，早就淚眼婆娑，毫無羞恥心了。

終於，我說完了再見，回到教室，和我的孩子們最後一次擁抱。車子已經在外面，等著要載我去機場。我開始穿過操場、走向巴士。忽然，我聽到後面「答答答」的跑步聲，我轉頭看，發現那總在睡覺的 Mary 追在我後面。我嚇了一跳，以為她想揍我，但是我實在跑得太慢，終究被她追上了。當然，那天下雨，地上都是泥土，而我們都穿涼鞋，所以腳上滿是泥濘。當 Mary 追上我，她一句話也沒說，蹲下來，用她的小手，一次一次的把我腳上的泥土撥乾淨，然後又站起來，「答答答」的朝教室跑回去。

那是我最後一次看見 Mary。看著她跑回去的背影，我第一次意識到，原來，單純的「妳好嗎？」，竟然可以是改變的契機。我又問自己，如果，我能夠為她留下來呢？這個孩子的故事是否會不一樣？

坐上巴士，我聽著身旁和我同樣教學兩個月的同學七嘴八舌發表他們的感言：「天啊，終於結束了，總覺得我上課好像是動物園裡的猴子在耍戲，都沒有人在認真聽！」「真不知道這些小孩子怎麼可以學得這麼慢……同樣的概念講了不知道多少次，從來都聽不懂！」

忽然間，我有些困惑。我記得，在我離開教室前，負責帶我們的教授特別跟我說：「好奇怪，明明英文不是妳的母語，卻只有妳的學生願意聽妳說話！」我問自己，我和我的美國同學有什麼不同？他們絕頂聰明，而且大多都十分認真備課，甚至有修教育學程的。唯一的差別，或許只有那一份稍微鑽牛角尖、總是放不下孩子的「願意」。

真的嗎？一份單純的在乎，可以超越語言的隔閡，讓

一個菜鳥老師帶出改變嗎？真的嗎？

如果說，我現在所做的事情是一棵大樹，那麼這一切的幼苗，就起自於五年前的這個問號。

「酷」的方程式

來到迦納時，其實我帶著一份在過去一年看似很幼稚卻很真實的掙扎：我很想要變「酷」。「酷」，這個通常在青少年時期最在乎的事情，其實我在高中的時候就已經拋在腦後。高中時的我，很自在的做自己，對於自己在同儕之間的認同很有安全感。回想起來，之所以在大學一年級時忽然回到了這種掙扎，是來自從一個「Insider」忽然在美國、在普林斯頓變成完全的「Outsider」的劇烈轉變。我在台灣視為理所當然的幽默感、思路、價值觀的優先次序，來到美國，講輕鬆些，是成為我同儕好奇的對象；講嚴重些，是從最根本徹徹底底不斷被質疑。忽然間，我不再知道我喜不喜歡自己，或是我想變成怎麼樣的自己。所以，我竭力抓住些什麼目標，竭力想成為那些大家都喜歡、都認同的「酷」小孩之一。

當我抵達迦納時，其實我認為我已經找到了「酷」的方程式。在我那十五個同學之中，有大概五個是符合我當時對「酷」的定義：對於自己的絕對自信、不受他人影響，而反之去影響他人、相對於

單純的在乎，可以超越語言的隔閡，帶來不一樣的改變。

身旁人事物的優越，以及對於自己所追求的快樂的執著，當然，也包括外表的亮麗。因此，剛開始的幾個禮拜，每天晚上只要有時間，這五個比較「酷」的人，一起去附近叫做「大米力」（Big Milly）的海邊酒吧，喝便宜的啤酒，和其他在迦納的外國人聊天、跳舞。我們不顧大家的反對，跳上當地的計程車，跑到一小時之外的首都市內的夜店，狂歡整夜，隔天再宿醉、頭痛著去上課。我們不顧當地民情或自身安全，穿著自認為性感的比基尼，跳到海裡，比賽誰能游得遠。而相對於這群人，任何晚上早睡或不跟我們去「享受人生」的人，都被我歸類於「不酷」的類別中，我固執的告訴自己選對邊的重要，若可選擇，我竭盡所能不想被視為他們的一份子。

比方說，我的室友 Megan 學姊就被我歸類成後者。Megan 是個生活規律、溫文老實的人，她每天早上六點起床，運動且讀《聖經》、禱告。晚上，她也會讀《聖經》、禱告，並且在十點半前就寢。除此之外，她會細心的嘗試觀察我們的生活細節，並且時常和我分享她所看見的一些觀察或問題。有一次，在我們剛抵達迦納的一個禮拜後，她發現我總是下意識的不斷在抓腳背。她找了個空檔時間問我怎麼了？我低頭看，才發現近視而且大神經的我竟然沒發現腳背上有好幾十個紅腫的小點（後來我數過，兩個腳板上各有六十個左右）。但是，在我心目中，「酷小孩」是不會有這麼醜的腳和動作的，所以我很快的敷衍她，「不要擔心啦，就是蚊子嘛，我晚上多噴點防蚊液就是了。」然後便示意她不要再管我了。那之後的幾天，我每天出門都會在腳上塗滿粉底液，深怕那群「酷」同學不理我。

但是 Megan 不死心，過幾天後，她又跟我說：「我觀察了一下，妳腳上的紅色小點不像是蚊子叮的，因為它們都是呈直線排列，看起來應該是爬行而不是飛行的蟲咬的。我在猜，會不會是床蝨啊？」當時的我，非但沒有覺得她很熱心，反而覺得她真囉嗦，真是「遜」斃了。「妳不要管啦，我知道啦！」我不耐煩的回她。Megan 不死心，直接去跟 Mama 報告這件事。隔天，Mama 便請人將我的床墊換掉。從那之後，我就再也沒有被咬過（雖然腳上的疤隔了一年才慢慢消掉，讓我回台灣時還被海關質問）。不過，我從來沒有跟 Megan 道謝過。每天，當我回到房間，看見 Megan 認真的在禱告，還會在心中嘀咕：「怎麼會跟這麼『不酷』的人分在同一個房間！」

事隔兩年後，Megan 成為我最重視的朋友之一，聽我重述當時的想法，她哈哈大笑說：「妳知道嗎？我那時可是在為妳禱告！」

聽到她這麼說時，我心想，真的還好有人為我禱告，因為那時自以為酷的我，一點都不快樂，自己，卻渾然不覺。

我到底在做什麼？

記得有一晚，我和那群酷朋友從「大米力」回來的路上，其中有一個土耳其來的同學歐康，趁黑，也趁著大家微醺、嘻嘻鬧鬧時，冷不防的牽住了我的手。當時，我其實一點都沒醉，嚇了一跳，卻心想，或許朋友間開心時牽牽手是「酷」的，所以也不敢把手抽走。就這樣，我們回到了宿舍園區。

回到園區，我正想走回房間，歐康叫住了我。「要不要去海邊走走？」那是這群「酷朋友」中，第一次有人主動邀我去做什麼事。所以，我雖然疲倦不已，仍然打起精神說：「好啊！」於是，我們走到了平常吃早餐的「餐廳」，坐了下來。

原本以為這個同學只是要聊聊今晚在酒吧有多麼好玩，但是才剛坐下來，他轉過來劈頭就問：「妳很漂亮，跟我在一起吧！」我嚇了一大跳，因為當時我認識這個人也不過才一個禮拜。「不好吧，我和你都還不真的了解彼此啊……」我說。「就是因為不了解，才要在一起，這樣才能最快了解啊！」他回。我緊張的笑了笑，說：「歐康，你真的是個很棒的人，但是我覺得這樣還是不好……」

這時，歐康似乎惱羞成怒，咄咄逼人的說：「妳知道我是誰嗎？妳知道我們家在土耳其是怎樣的地位嗎？」我瞪大眼睛看著他。然後，他往我兩手的方向一看，冷笑一聲說：「妳們台灣女生不刮手毛是嗎？我跟妳說，在土耳其，連男生的腋毛都是要刮的。妳連手毛都沒刮，我還放下成見喜歡妳，妳竟然不領情！」說完，他誇張的搖了搖頭，接著站起來宣布：「我累了，我要去睡了。再見。」

我驚訝的站了起來，反射性的說：「對不起、對不起，歐康，你不要生氣，我們還是朋友吧？」歐康看了我一眼，說：「就我們十五個人在迦納，還有兩個月，不當朋友也不行吧。」然後便轉身消失在黑暗的宿舍區裡。

所有聽過我轉述這個故事的朋友，都毫無例外覺得這是他們聽過最莫名其妙、甚至欺人太甚的告白。然而，每當想起這個故事，以及我當時的反應，我就深刻意識到當時我多麼貶低真實的自己。明明被汙辱，明明被看不起，卻只因為他是「酷」的，我就逼自己要變成他們會接受的樣子；然而，真正關心我、幫助我的 Megan，我卻反過來看不起、保持距離。我兩邊都沒有得到真實的友誼，卻以為為了幫自己「長大」，硬下心不准自己承認。我以為，假裝夠久，就會變成我的一部分。於是，我繼續裝酷、學酷，繼續拖著疲倦的身軀去酒吧，繼續厚著臉皮跟歐康一群人到處「探險」。

終於，有一天，我拉著一個平常從不和「我們」這群人出去玩的同學 Jay，說服他去看看在我口中再好玩不過的「大米力」酒吧。從酒吧回宿舍的路上，忽然發現我們背後跟了一個當地人。一開始，微醺的我們不以為意，以為他是村民之一，還開心的問他要去哪裡、叫什麼名字。慢慢的，這個人愈來愈靠近我們，然後說時遲那時快，他一個箭步衝上前，一把搶走 Jay 手上拿著當手電筒的黑莓機。在我們反應過來之前，他已經拔腿跑入旁邊的田中，消失得無影無蹤。大夥驚訝得瞠目結舌，這時手機被搶走的 Jay 怒吼了一聲，也拔腿朝著這個人消失的方向跑去。「Jay! Jay! 回來啊！很危險！不要理他了！」我緊張的在他後面大叫著。這時，剛好經過的 Mama 衝過來，嚴肅的說：「你們現在全部馬上回到園區，我來負責找到 Jay。」於是，我們也只能乖乖的半跑半走的往五分鐘路程之外的宿舍前進。

離開事發現場還不到三十秒，那群同學間突然有幾個人「噗哧」的笑了出來：「你們有沒有聽到 Jay 剛剛被搶的時候的吼聲？『吼嗚嗚！』」他們模仿著，又捧腹大笑出聲。「太好笑了！」

我停下了腳步，前面那群在笑的同學也沒有注意到。在那個時刻，我無法再面對我所背叛的自己。我到底為什麼要討好這群我打從心底不認同的「朋友」？他們有什麼資格被認為是「酷」？我到底在做什麼？

那那安度的故事

回到園區，我扯開了嗓子，「那那安度！那那安度！」我喊著。

那那安度是之前提過的、來自迦納本地的同學 Conrad 的母語本名，我知道他的當地朋友們都叫他這個名字。我和 Conrad 在每天的 Twi 語言課裡建立起了革命情感，而在我覺得失去身旁所有「朋友」的當下，奇妙的是，我唯一能想到的名字，就是那那安度。

「我在這裡，安婷劉，我在這裡。」那那安度溫柔的聲音從燈光微亮的圖書室裡傳來。我轉頭，看見他正慢慢的走向我。

他看了看我的臉，平靜的說：「我聽說了 Jay 被搶劫的事。」

「嗯。」我回答。

「妳還好嗎？」他拍拍我的肩膀。

「我不知道……」我說。

他停頓了一會。「走，我們去聽聽海的聲音。」他說。

「去哪裡聽？」我恍神的問，「海灘上沒有燈，你也知道的。」

他默默的笑了出來。「燈、燈、燈，不是我們生存的必須啊。」說著，就小跑步回他的房間，出來時拿著兩隻小蠟燭。

「這是蠟燭，妳看過嗎？」他調侃的問，然後拿出火柴，把蠟燭點亮了，往海邊走去。

園區所連接的海邊有一塊很大的岩石，我們就靜靜的坐在那上面，很久沒有說什麼話。

「那那安度，我很羨慕你們在迦納，雖然物質比較缺乏，卻比我的生活單純快樂多了。」我說。

他瞄了我一眼，深深嘆了一口氣。然後開口娓娓道來他的故事：「小時候，我的確是。我們家在迦納算是小康。我小時候，天啊，我感覺就像個小王子一樣，爸爸常常買新玩具給我，我的媽媽也在工作，我們過著很快樂的生活。

「但是，在我七歲的時候，童話一夕間垮了。我最小的弟弟出生時就有智能障礙，我的媽媽不能工作了，我的爸爸不再常常回家。後來，他跟我們說他在外面已經有別的家庭，就再也沒回來過了。

「好不容易，我考上了大學。大學二年級開學的時候，我去系館準備歡迎我的直屬學弟。到了辦公室，系學會的同學跟我說，他們發現有個學弟和我同姓，所以就將我們配對成直屬。我聽了也不以為意，但是當我抬起頭第一眼看到我的學弟，我嚇了一大跳，他長得好像我爸爸。

「一時間，我想問，也不知道該問什麼，所以就假裝正常的帶他逛校園、聊天。他跟我說他是在一個完整、充滿愛的家庭裡長大的。他聊愈多關於他家人的事，我愈確定他是我同父異母的弟弟。

「後來，我爸爸輾轉知道這件事情，或許知道遲早無法掩飾這個事實，所以有一天我回到家，就看到十幾年沒見過的爸爸，和『學弟』坐在家裡的客廳。他從來沒有解釋什麼，當然也沒有道過歉。我和媽媽沒有問什麼，就假裝什麼事都沒發生，就好像我神奇的多了一個弟弟。那之後，爸爸就遊走在這兩個家之間。」

成為別人的祝福

故事到一個段落，那那安度重重的吸了一口氣，又吐了出來。「但是，妳知道嗎，It is well, It is well, It is well.② 上帝是信實的。祂深愛我。」

眼淚一滴一滴不聽使喚的流下我的臉，不只是感動的眼淚，而更是羞愧的。「那那安度，我覺得我好假、好自以為是。你所經歷的痛苦比我多太多了，而我汲汲營營，只會一天到晚抱怨、偽裝自己，還要你安慰我。我覺得好丟臉。」

「我並不覺得妳驕傲。」他回。「妳尊重自己，妳也尊重別人。擁有比別人多並不是一件錯事，但是如果妳因此而看不見擁有比妳少的人，那才是件錯事。記得，耶穌說過：『你有什麼不是領受的呢？』

「妳知道自己在假，那反倒是忠於自己的表現。妳若是不真，就沒辦法聽我講完，我們也不會坐在這裡。」他認真的說，「而且，妳知道嗎？妳是第一個聽關於我爸爸的故事的人。」

我感動、但也激動的顫抖著。「但是，我覺得神好不公平，為什麼讓你一個這麼善良的人去承擔這麼多苦難，如果祂愛我們，為什麼不能將這些直接從你的生命中挪開呢？」我說。

他回答：「妳記得，在《聖經》裡提到這樣的故事。耶穌看見一個天生瞎眼的人，他的門徒們問他：『老師，這人生來是瞎眼的，是誰犯了罪？是這人呢？是他父母呢？』而耶穌回答說：『不是這個人犯罪，也不是他父母犯了罪，是要在他身上顯出神的作為來。』③

「同樣的，我們經歷困難，不是因為我們不對、上帝要處罰我們。」他繼續說：「而是因為在我們身上的這些經歷，都有神美好的旨意，能夠成為別人的祝福。」他似乎對自己忽然長篇大論不好意思的笑了笑，說：「我是這麼相信的。」

我看著他，蠟燭的燈光已經愈來愈小，他的臉並不清楚，但海的聲音卻從來沒這麼清晰過，我彷彿可以看見吹在我們之間的幾內亞灣海風，帶走了我原本扛在身上的沉重。忽然間，我感受到自從到迦納來，甚至從上大學以來，從未感受過的清醒。

「我跟你說，以後，如果我有孩子，我要送他們來迦納聽那那安度叔叔碎碎唸。」我開心的說。

「喔，是嗎？那我也要送我的小孩去台灣，去聽安婷阿姨的長篇大論。」他也不甘示弱。我們對看了一眼，開懷的笑了。

我們又靜靜的聽海聽了一會，然後，開始往回走。邊走，他默默的說：「如果，有一天妳真的送妳的孩子來，我會跟他們說：『你們的媽媽，真的很特別。』」

安婷路

從那天之後，我和那那安度因為白天在不同的小學教書，所以也沒有特別多互動的時間。不過，即使忙碌，有任何的機會，我們總是會找方法對彼此碎碎唸，常常欲罷不能。我們辯論的話題從教育、種族、科學、歷史、政治、信仰甚至是八卦和維他命的吞法，無所不談。我們養成了一個奇怪的默契，當我們和其他同學在一起，卻忽然有想法想要分享的時候，我們會將大拇指伸向彼此，讓我們的拇指們先打場角力賽，然後贏的人就可以先分享。

有的時候，我們不一定話語很多。有一次，我們一起去參觀當迦納還是北美最大的黑奴輸出來源時，殖民者建造的大城堡。坐落在海邊的城堡的地上幾樓，榮華富麗，是白人殖民者居住的地方。然而，地下囚禁的，是成千上萬被抓來，即將送出海賣去「新世界」的黑奴。參觀地牢時，還可以看見黑奴在黑暗中完全沒有人性的生活環境裡，用石頭、甚至用自己的指甲或血，在牆壁上寫著「讓我自由」、「我好怕」、「救救我的孩子」等令人辛酸的字眼。城堡的中間，有一座美麗的小教堂，教堂門口的地板上，有一個方形洞，有數個鐵條橫跨著——這是地牢的氣窗。我站在氣窗之上，想像著，這些上教會的人們，每個星期天踏過這個氣窗，聽見下面的人們呻吟、感受到他們的溫度，怎麼還能夠心安的去做禮拜呢？正當我這麼想的時候，那那安度走到我身邊，我們就站在那裡，靜默了很久。此時無聲勝有聲。

在迦納的最後兩個禮拜，我們搬離宿舍園區，來到那那安度位於內陸第二大城的大學，做兩個星期的交流。在迦納的最後一天，我和那那安度沒有辦法回到我們最喜歡的海邊做最

後一次的辯論，索性就在校園中閒晃。不知不覺，來到了一小段道路，兩邊的大樹的樹枝在空中似乎已經連結在一起，像是個名副其實的綠色隧道。

「我的天啊，我在這裡讀了這麼久，怎麼竟然從來沒發現過這個地方！」那那安度驚呼。我心血來潮，跟他說：「我現在正式將這裡命名為『安婷之路』（"Anting's scene"），以後你每次來到這裡，就可以想我一次喔！」

「妳確定我會想妳嗎？」他回我。「拜託，你一定會想我，而且會非常非常想，我跟你賭！」我嗆回去，「我這個人，永遠都是對的，哈哈。」我開始大言不慚，或許是為了掩飾害怕說再見的心情。我們都知道說完再見，完全不知道下次何時、何處可以再碰面。

在我們能再說什麼之前，車子就到了。那那安度要搭另一輛車，在我上車前，他遞給我一張摺好的紙條，然後最後一次伸出大拇指。我們的拇指們又打了一仗，然後他用力的握了握我的手，也沒有真的開口說再見，就跳上接他的車，慢慢的開走了。

我坐上接我的車，打開他給我的紙條。上面寫著：

安婷劉，

能認識妳真的是件很美好的事。妳真的確定了我永遠會記得妳，只要我不要失去我的大拇指。我真好奇沒有妳我會怎麼樣，我永遠都對的朋友。我會保持聯絡的。我猜，我們已經來到了一個分叉路。未來有無限可能，但是上帝完美的旨意是我所知道一定會發生的（他畫了個哭臉）。再見！（他又畫了兩個大拇指）。

旅途中一個又一個故事

離開迦納後，我們至少每兩個月就會寫一封長的電子郵件給彼此。我們都笑說我們把對方當做是人形日記本。五年來，我們各自經歷過戀愛、分手、搬家、成功和失敗等，但這個習慣不曾終止過。

離開迦納兩年後，在我生日那天，那那安度什麼祝賀詞也沒寫，

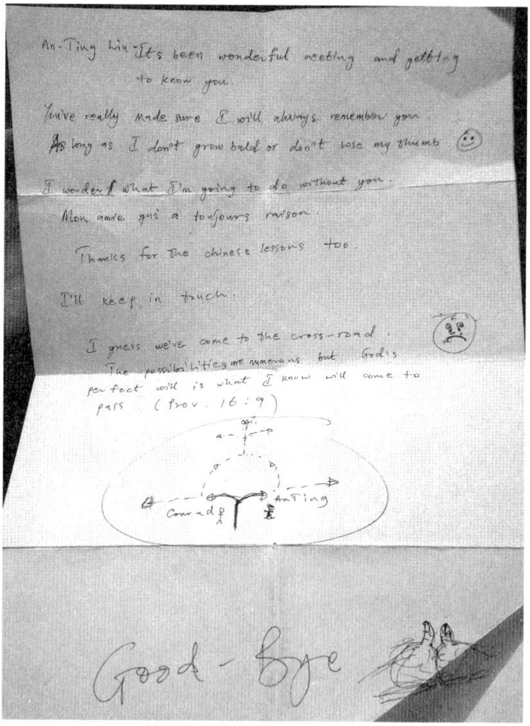
An-Ting Liu - It's been wonderful meeting and getting to know you.

You've really made sure I will always remember you.

As long as I don't grow bald or don't lose my thumb

I wonder what I'm going to do without you.

Mon amie qui a toujours raison.

Thanks for the chinese lessons too.

I'll keep in touch.

I guess we've come to the cross-road.

The possibilities are numerous but God's perfect will is what I know will come to pass (Prov. 16:9)

Conrad

AnTing

Good-Bye

就寄了張只有背影的照片給我。

我一看，就笑了。這正是我大言不慚所命名的「安婷路」。他將相機定時，讓自己的背影也在相片裡。他知道我記得我在那裡說過什麼。看到照片的此時，無聲勝有聲。這是我收過最棒的生日禮物。

又隔了一年，離開迦納的第三年，我來到加拿大的蒙特婁。我頂著十一月的寒風，走進了一家青年旅舍，在旅舍大廳的沙發上坐了下來。三分鐘後，樓梯間傳來「答答答」的跑步聲。門打開，一個熟悉的身影，盯著我，定格三秒鐘。

「安婷劉，安婷劉，安婷劉……」他微笑、搖著頭唸著。

那是那那安度，在這些年吃了無數的閉門羹之後，終於美夢成真，拿到獎學金到加拿大讀研究所。而在普林斯頓的我一聽到這個消息，等到感恩節假期，開了六個小時的車，雖然扣掉旅程只剩下一天半的時間，還是來到了離他最近的城市，也用我的第一份薪水，送了他從他所住的小鎮來回蒙特婁的火車票和他在青年旅舍的住宿。他說，那是他第一次坐火車、第一

次搭手扶梯。

他伸出了大拇指，我也伸出我的大拇指，我們的拇指們打了場激戰。抬起頭，他說：「所以呢，妳好嗎？」

我記起第一天認識他，當時我並不知道，我正在握手的這個男孩會成為我生命中最深刻的朋友之一。我好嗎？我當然好。

我也記起和他在迦納道別之後，開往機場的路上。說也奇怪，明明是同一條路，但是來的時候所專注的髒、亂、落後，卻不再占據我的心思。曾經，我以為去非洲，是為了探索她的神祕，是為了「幫助」她。

再次看見那那安度，我才想起奈及利亞小說家Chimamanda Adichie 在她動人心弦的TED演說「單一故事的危險」所說的：即使身為一位非洲人，她自己也花了好久的時間找尋什麼才是「真正的非洲」。為什麼她的外國室友甚至在認識她之前，就先預設非洲是個充

滿災難、值得同情的地方；然而，在她心中，即便政府專制、即便早餐桌上的食物愈來愈少，她知道的非洲卻是充滿笑聲和溫暖的。最後，她發現，她的室友沒有錯——非洲確實有許多需要幫助的地方——但是，那是她室友對非洲的「單一故事」。

單一故事創造刻板印象，而刻板印象的問題，不是在於它不正確，而是在於它不完整。它讓「單一故事」變成「唯一故事」。

在迦納的兩個月，因為有那那安度，因為有我的孩子們，我不只看見非洲的需要，更寶貴的是，我聽見了需要之外，一個又一個的故事。我對非洲的故事不再單一，也終於學到任何一個地方、任何一個人的故事，都不可能單一。

最後，我才體悟到一件事：旅行，不是為了看見每個地方的不同，反而是為了用心去體會每個地方的不同的表面之下，最深層所共享的人性；不是為了伸出手給予或是握起手接受，而是為了將手牽在一起。我們沒有那麼不一樣。

畢竟，我們都有大拇指啊。

---

① 普林斯頓規定每位學生在畢業前都必須在七大領域至少各修習一至二門課，包括自然科學、歷史、文學、數學、倫理學等。其中，對於偏社會科系的學生，自然科學的兩個必修學分是最痛苦的考驗之一。

② It is well，中文譯為「我心得安寧」，為基督教的古老詩歌名，也常被用在日常對話中，取其字面上的意思「一切都好」，來象徵對任何景況都保持對上帝的感恩與信任。

③ 可參考《聖經》〈約翰福音〉第九章。

旅行，不是為了伸出手給予或是握起手接受，而是為了將手牽在一起。我們沒有那麼不一樣。

3

普林斯頓（上）：妳是怎麼考上的？

Hey，未來的妳，記得考上普林斯頓的時候妳說過，未來不論發生什麼事，不要忘記妳有多幸運。妳害怕的是什麼？是四年太短？是妳是個錯誤？是找不到「那個他」？是別人永遠比妳完美？妳不重要？親愛的未來的妳，我相信當妳看到這封信，妳會微笑著說：「一如過往，神帶領我跨過一切。」神啊，求祢給我飽滿的心，被祢充滿的愛。挪去不足的空虛，神啊當我登上山頂，讓我舉目讚美祢；當我在山谷，求祢讓我定睛在祢的陽光。讓我不自滿，不倚靠自己，不要忘記祢的偉大。

——我寫給未來自己的信，2008/10/26

現在的我，努力想要記起剛抵達普林斯頓時的種種，記憶好像已經開始不太配合、畫面已經有一些模糊。但有趣的是，當我嘗試閉上眼睛，想用圖像去重溫當新鮮人的那段日子，腦海中浮現的，是一幅幅美如詩畫的景象：

從木頭搭的小火車站走出來，仰望高聳莊嚴的布萊爾塔，接著邊爬著一階階的樓梯，邊看著不遠處的亞歷山大禮堂，以及她外牆上刻的拉丁文：「沒有比高舉智者學習的寧靜住所更深的喜悅」。

我記得第一次踏進最古老的拿撒樓，聽著迴盪的腳步聲，想像著兩百多年前麥迪遜在這裡走動。記得大一住的坎布爾樓，石頭砌成的樓梯已經被踏到凹陷，而大二住的侯德樓，房裡有古老的火爐，房外是拍攝「美麗人生」的拱型長廊，通往霍格華茲般的交誼廳。

記得我最喜歡的東派恩樓，用紅色磚石砌成口字，從中庭中央走進去，便可以通到在我心目中，全普林斯頓最美的房間：全部用木頭建成的八字型圖書室，有著高挑的木雕天花板，日光自然的全天從各方的彩繪玻璃射入，每個角落都擺著天鵝絨的扶手椅，還有通往一個個相通的小閣樓的樓梯……

再繼續寫，可能一整個章節都寫不完。這不只是剛入學時的感覺而已。畢業後，一次有機會回到學校參加團契活動後，在寒風中想從團契所在的墨雷小屋快步躲回溫暖的車裡。忽然，我無意的抬頭一看，就不由自主的停下腳步，被這不經意的美、配上滿天星星和全然寂靜的校園，完全震懾住了。

那天，我在日記上寫下這段話：

"I just want myself to remember something. I was walking from Murray Dodge to my car, this walk that couldn't have been more familiar, yet I hadn't done in such a long time. I remembered that awe, that joy of taking ownership of this amazing place. I want myself to remember that gratitude for calling this place home."

我只想要我自己記得這個：我剛剛從墨雷小屋走向我的車，這是一條我再熟悉也不過的路徑，只不過畢業後我很久沒有走了。但我依然記得那新生般的驚奇，那可以成為這地方所有人之一的喜悅。我想要我自己記得這份感恩，這份可以叫這地方「家」的感恩。

短暫的新生蜜月期

但有趣的是，雖然日記中我寫著「新生般的驚奇」，當我將這些圖像從腦中暫時抽離，而改去讀我當時的網誌，嘗試去記起當時的心情，做新生的我的「驚奇」，大概只維持了不到一週的蜜月期。

第一個困難，從交朋友開始。雖然從一開始我就因為參加社團與團契而認識不少朋友，但是小從英文諺語、笑話的聽不懂，大至完全會錯意、身體界線劃分不同，讓我時常成為同學們雖無惡意，但無法克制的嘲笑對象。比方說，那時我以為「dufflebag」與「douchebag」是同義字，但事實上前者是「行李袋」的意思，後者原意是「女性私密處灌洗袋」，後來被拿來做為罵人之用，當然有暗喻被罵者汙穢不堪、為自大狂妄之徒，或用現代一點的說法，類似「機車王」、「超白爛」的意思。但天真如我，以為兩個字都是行李袋的意思，所以，在一次學生團體出遊說明會上，當被問到我會攜帶幾件行李，我回答：「喔，就是兩個 douchebags。」主持人愣了一下，問：「呃，請問妳的意思是……兩個很討厭的人，還是兩個清洗袋……？」接著，全場同學哄堂大笑，而我，則是恨不得有個地洞可以鑽進去。

另一個例子，是我將「get laid off」和「get laid」兩個片語搞混了：前者是「被裁員」的意思，後者則是非常粗俗的說「被上床」的意思。有一天，我接到阿姨的電話，告訴我姨丈不幸被裁員了。掛上電話，我傷心的走回房間，那裡有一大群朋友聚在一起看電視聊天。我煞有介事的拿起遙控器，關上電視，大聲說：「大家，我有個很令人傷心的消息：My uncle just got laid.」同學們全部露出驚恐無比的表情，我心中默默的驚訝大家竟如此在乎我姨丈，好生感動。有個同學問：「妳……為什麼會和妳姨丈聊這個？」我感到莫名其妙，回答：「這有什麼不能聊的？」大家面面相覷，終於有個朋友說：「安婷，我猜，妳剛剛想說的，是 getting laid off，不是 getting laid...」顯然的，大夥又是一陣哄堂大笑，笑到眼淚都流出來了。順便一提，上述兩個例子實在太受歡迎，每年都會由學長姊熱心的在開學時傳承給新生知道，只不過希望現在故事主角是誰已經被忘記了就是。

妳到底怎麼考上普林斯頓的？

第二層困難，來自課業。我還記得，當我坐在第一堂「個體經濟學」的教室中，台上的教授是世界知名的學者，更是美國總統的顧問。當他口沫橫飛的講著，我身旁的同學都點頭如搗蒜，拚了命的抄筆記；而我，雖然教授的每個字拆解出來我都認識，但組合在一起，卻讓我如同鴨在聽雷。更令我緊張的，是我似乎是整間教室唯一一個聽不懂的。從小到大，我從來沒有想像過有一天我會成為全班最笨的學生。當下的我，好慌、好怕，卻又不敢讓任何人發現，只得回宿舍自己抱著書苦讀、趁室友不在的時候，再偷偷掉眼淚。

而大一最令我頭痛的一門課，叫做「英文寫作課」。這是門全校大一生必修的課程，不論學生是否以英文為母語，學校要求每個學生在鑽研更深奧的知識之前，必須先有學者程度的基本寫作能力。回頭看，我很感激這樣的要求，讓我的英文寫作，從一個台灣高中生的程度，在大學四年內快速達到美國當地大學生程度之上。但大一當下，這門課真的讓我苦不堪言。最主要的原因是教授的特殊授課方式：每個禮拜上課前，每位同學都必須寫份五頁的短文報告，並且匿名傳給全班同學，而每位同學也必須在上課前將全班的文章看完。上課時，教授便帶領著大家一篇、一篇來評鑑，鼓勵大家自己分析每篇文章哪裡好、哪裡不好、為什麼？

這種刺激獨立思考，而且將主導權還給學生的學習方式，尤其是在我自己投入教育界以後，知道其實相當的難得，是學生的福氣。五頁報告對我的美國同學而言易如反掌，上課前一天晚上不用幾小時便可以寫出來，但對當時的我而言卻無比困難。我必須一整個禮拜不斷的發想、起草、修稿，甚至還得熬夜，才能寫出一份不會太丟臉的報告。

但是，每當來到課堂裡，文章總是被同學們毫不留情的批評：「這個開頭，完全沒有切中主題！」「這個譬喻，也太離題了？」「這個例子，渲染得太離譜了！」「作者的文法顯然需要加強！」「這個結尾，一點力道都沒有。」……最後，甚至有個同學說：「這個作者到底怎麼考上普林斯頓的啊？」

「妳到底怎麼考上普林斯頓的啊？」天啊，這句話對當時的我而言，感受只能用三個字形容：

「椎、心、痛」。我在心中很想對他吶喊：「你知道我在台灣上過報紙頭條嗎？你要是用中文寫你會比較厲害嗎？你知道我是多麼比你努力才能考進來嗎？」但終究，我意識到我生氣的對象不是他，是對於本身的信心和價值都開始動搖的自己。

當時，我哭哭啼啼的在網誌上寫下：

有時，我想當個徹底的笨蛋

今天我從寫作課走出來
我盯著一隻松鼠看了好久
我忽然覺得如果我真的是個徹底的笨蛋真好
我可以一直盯著松鼠看
也不會有人說什麼

不會有人說
Your introduction is very weak.（妳的引言很弱。）
You’re overusing rhetorical questions.（妳文章中太多問句。）

Where the hell is your thesis?（妳的論點到底在哪裡？）

I can't believe you didn't get the joke.（我真不敢相信妳聽不懂那個笑話。）

You're so weird!（妳好奇怪！）

Never mind she doesn't speak English anyway.（沒關係啦，反正她本來就不會說英文。）

How in the world did you get into Princeton?（妳到底怎麼考上普林斯頓的？）

不會有人覺得我花三天不眠不休的只寫出五頁連自己都覺得爛不死人的作文是件奇怪的事

我從不在乎我的朋友恥笑我，只是剛剛走出教室，就忽然有種很幼稚很不理性的孤單和不安全感

我真的會想念可以自在說一個語言的感覺，可以 play with it（玩弄語言），可以說 everything and anything.

我這裡的好朋友湯馬士那天忽然有感而發的說：

"I think what's amazing about Princeton's that everyone is smart... AND they have talents too."（我覺得普林斯頓最厲害的地方，就是這裡的每個人不只都聰明，而且每個人都有奇特的天賦！）

講完忽然覺得我鼯鼠五技而窮：我會唱歌，我以前是合唱團沒錯；我會彈鋼琴，我媽是鋼琴家沒錯；我會彈吉他，我會彈周杰倫沒錯；我會說英文，我托福考很高沒錯……但是沒有一個 is dazzling（令人驚豔）... in any way.

然後我四肢很不發達、我也不會英文辯論或演講、我不會演戲、我不會打扮，我對政治、美國歷史、物理、化學、生物、心理學、經濟、美國電視甚至是電影和音樂都幾乎一無所知。我不會寫paper，而且我只會考選擇題

連我最引以為傲的中文都在一點一滴退步的感覺

我知道我在說氣話，總有一天我會知道我的 forte（強項）在哪裡，只是現在我覺得走得跌跌撞撞

現在，我只能相信：everything will fall into their places in time（每件事情都會在各自的時間走到對的地方）

in Him who created the world we're more than conquerors（靠著造天地的祂我已經得勝有餘了）

（2008/9/27）

拾回失落的信心

在這段期間，我最重要的支持，是我的母親。在我二〇一〇年出版的書中，曾經引用過她當時寫給我的一段訊息。在這裡，我想再次附上這段來自母親給我的話，這段曾經讓我從最低谷重新看見希望和力量的話：

安婷：

難過失落總是在預期中出現，雖然做此決定時早已知道，但是仍然很痛。妳的勇敢，帶領妳跨出妳的安全領域，相信剛開始絕對波濤洶湧，幾乎要滅頂，但是，就像彼得行在水面上，剛開始走得很好，當他低頭看海水，看見海水波濤洶湧，一害怕，就掉進水裡。耶穌說：小信的人。

當我為妳禱告時，神給我的啟示，妳一直用別人的眼光看自己，甚至懷疑自己如何進普林斯頓。妳忘記抬頭看看愛妳的耶穌，問他為何把妳擺在這裡。他說：因為妳配得，妳是我的愛女，妳的一切資源，我都會供應妳。妳當剛強壯膽，就算普林斯頓是大巨人，妳也跟約書亞一樣，他必與妳同行。

妳要相信，神看妳一切是美好的，別把假想敵都看得那麼厲害，妳才是最重要的。撒旦從思想去攻擊妳，因為他知道神在妳生命中有極大的計畫，他想要破壞，所以，妳可以選擇用神的眼光看自己，對這鏡子中的自己說：我在神眼中是美好的，我可以靠著祂突破，我不管環境多艱難，信是得著就會得著。

恐懼害怕會阻礙神的祝福，妳要奉主名拒絕接受這個感覺，恐懼害怕不安是不能來攪擾妳，每天每天宣告，不斷靠主戰勝肉體的軟弱，像保羅一樣，不管再怎樣的景況，我都要喜樂。

雞頭當久會斷頭的，因為驕傲會腐死妳的心，迷失妳的方向及理想。

加油寶貝，我們肯定妳的決定是絕對沒錯，普林斯頓的牛尾也不是每個人都當得起的，不是嗎？

妳要先放下對自己的完美要求，面對現在不足，掌握無限未來，人生才有盼望。

我也有我現在無法改變的現狀，我無力改變阿嬤的病，我無力改變自己曾經生的病所帶來的後遺症，所有一切無力只能交託給神，我一次再一次領受祂的無限，我才能一次再一次的站起來。

我相信妳的韌性一定比媽媽強，加油了。I love you.

那辛苦的過程，讓我意識到我之所以痛苦，最深刻的原因是因為我深陷一個個由自己發出的問題：「我」想要什麼、「我」可以得到什麼、「我」會失去什麼、「我」該證明什麼……我以為這些問題可以保護我不受傷、不吃虧，但矛盾的是，這些問題的答案從來沒有帶給我真正的滿足。

但是，當我放下自己是「哪根蔥」的自卑，轉而聚焦在遠遠大於我自己的造物主和祂所放在我生命中的標竿時，在這些時刻，我找到先前沒有的力量，踏出我的安全領域，因為「我」雖然渺小，但是因為我不再將「我」當作主詞，我的渺小就不再阻擋我；而遠大於自己的這個世界，以及其中的美好與偉大，就成為我力量的來源。

而我也發現，最重要的學習，不是來自於成績單上的表現而已。學習的核心，在於關係，在於生命。我開始領悟到，在普林斯頓，最珍貴的寶藏，不是偌大的圖書館，也不是每個學生的優異表現，而是身旁每一個人的生命故事。在意識到這點之前，我每天走進學生餐廳，都是隨便扒個幾口，便急著回房間讀書，根本沒心與任何同學做「無意義」的互動。

最重要的學習，不是來自於成績單上的表現而已。學習的核心，在於關係，在於生命。

但當我的心態一轉變，我開始願意刻意花時間，去認識、互動、聆聽每一個同儕，甚至是教授的故事。說也奇怪，當這些課本上沒有的學習愈來愈多，我的心彷彿也愈來愈被滋潤，很少再感受到孤單、自卑，而最有趣的是，我的學業成績反而因此更加提升。原來，學習該是快樂的，而且這份快樂不該由學生被動的只等待老師或學校給予，而是該由我們自己主動去捍衛做為學習者該有的初衷與感動。而這份初衷與感動，不在於單純累積愈多書中的知識，而在於了解關係、彼此碰撞出火花，甚至於推動彼此認識從未想過的面向。當學習是快樂的，學習的成效才會好，學習的動機也才能持久。當我重新找回做為學生的熱情，也就好像換了一副眼鏡，原本的「悲慘世界」，逐漸轉變為繽紛多姿的精采世界。

令人期待的法文課

大二下學期，我完成了基礎法文的眾多學分，開始可以選修高階法文的課程。不同於基礎法文課程有著嚴謹的課程進度與考試，高階課程是用法文教授各樣有趣的主題：從文學、藝術到政治、美食，琳琅滿目。而我，毫不猶豫的選擇了由法文系主任撒妮耶（Sagnier）開授的、被學長姊奉為「經典」的「法國文化與政治」──「修完這門課，我從只能在教室裡說法文，變成能夠在巴黎的酒吧裡與當地人抬槓！」剛從巴黎交換回來的朋友如此評論著這門課。

第一次修高階法文的我，走進教室後才發現，共同修課的十位同學不再都是法文門外漢，甚至有好幾個同學從小和家人說法文，再加上教授活潑的風格，大家整堂課總是唏哩呼嚕的快速對話著，就像是個快速移動的旋轉木馬。我雖然覺得頗刺激，但有時不免從大轉盤上摔了下來，光是看著剩下的同學持續的轉圈就已經頭昏腦脹，更別提還得費力的、緊急的尋找下個可以跳回去的空檔。而在幾次的「摔馬」經驗中，我開始發現有另外一個人，也常常摔到總體意識流之外，但總是半微笑著看著繼續旋轉的大夥，然後再淡定的、瀟灑的、流暢的跳回旋轉的行列。

幾次下來，我開始對這個人產生了愈來愈濃厚的興趣。他瘦得像竹竿，但是手臂上和小腿上都有結實的肌肉，因為常常穿著運動服裝或是帶著一顆足球來上課，所以我設想他是個運動健將。他的皮膚很白，雙頰上有些雀斑，但凌亂的頭髮和突出的五官幾乎和我一樣深色。他眉毛偏粗、眼睛很大，所以當他思考時，會呈現出甚至有些滑稽的強烈專注神情。在整堂課的對話中，他不常參與，似乎時常掉出大轉盤，置身事外，卻又會在不預期的時刻裡不知不覺的回到系統中，一句絕妙的插話讓大家會心一笑。不管心思在何處，他無時無刻不看起來像是個瞪大眼睛在觀察世界的人，似乎很神祕，但同時似乎很單純。他的法文很流利，卻總有個輕微卻固執的腔調，就好像他在人群中的角色：流暢，但有份輕微卻固執的特殊。我偶爾觀察他出了神，自己掉出大轉盤，還會忘記即時跳回，有時候還很糗的被教授硬是拖回來。有幾次，我發現自己會在有法文課的那幾天早上特別在衣櫥前躊躇，下意識的想著該怎麼吸引他的注意。但就這樣過了六個禮拜，到放春假時，依然無風也無雨，我也漸漸嘗試轉移我的注意力，自嘲這白日夢可真短命。

二十歲的初戀

沒想到，春假的最後一晚，我來到學院的餐廳打好了菜，拿著餐盤、遠遠的看見和我約好要一起用餐的香港好友 Ben，已在其中一個長桌幫我占了個位子。我走到桌旁坐了下來，抬起頭，赫然發現 Ben 旁邊坐的正是我默默觀察已久、卻從來沒說過話的神祕法文課同學。我用詢問的眼神看著 Ben，大神經的 Ben 才抓抓頭（一邊狼吞虎嚥）說：「不好意思啦，我搞混時間了，跟妳約又跟我朋友 Max 約，剛剛才發現。結果 Max 說你們也算認識，所以我想大家一起吃應該沒什麼關係吧！」

Max，所以他叫 Max，而且他覺得我們「還算認識」？我心中小小的得意了一番，但故作鎮定的回：「喔，你叫 Max 是嗎？我們是不是在同一個法文課啊？」真的是有夠做作。「是啊！」Max 開心的邊點頭邊說：「真的有些丟臉，坐在妳對面半個學期了還不知道妳的名字，剛剛 Ben 才告訴我。」接著，便自顧自的研究起他盤子上的豆子。（過了很久後我才知道，Max 幾乎都是用句號結束他的句子，不像一般人會禮貌性的反問對方其他問題。）不過當時的我，是很不能忍受沉默的，所以趕快轉向比較熟的 Ben 閒聊了起來。沒想到，Max 就像在法文課一樣，前一秒在出神，下一秒很自然的插入對話，而且愈聊愈起勁。

席間，熱中世界足球賽的 Ben 提到他非常喜歡的義大利隊，沒想到我和 Max 同時面露噁心的回：「義大利隊?!」Ben 覺得我們的反應很有趣，問我們為什麼有這樣的反應，這時我和 Max 竟然又同時回：「他們很『油』（greasy）耶！」講完，我和 Max 不禁相視大笑。一頓飯下來，我得知他來自加州柏克萊，高中時就成為柏克萊弦樂團的大提琴首席。他爸爸來自委內瑞拉，媽媽是愛爾蘭裔。我們發現我們的生日只差三天、都很喜歡狗，尤其是哈士奇。

從那天之後，我們開始會在上法文課時說「嗨」和「掰」，但總是在講完後靦腆的、假裝不在意的看向另外一個方向。過了一個多禮拜後，有天下課，其他人似乎收拾得特別快，忽然只剩我和 Max 兩個人在教室裡。他看著我，結結巴巴的問：「誒，那個，妳昨天是不是在我們學院①的餐廳吃晚餐啊？」「咦……？」我偏頭想了一下，「對耶！我有個朋友說你們昨天特別加菜，所以邀我一起去。你……怎麼知道？」「喔，沒有啦，我有看到妳，但是還沒打招呼妳好像就走了。」他一口氣把這句話說完。「哈哈，那……那我下次去你們學院吃的話再跟你說，不然……你的手機號碼給我吧？」害怕沉默的我趕緊補上這句，心中暗暗的責備自己怎麼這麼沒有矜持，還跟男生要電話？

「哈哈，好啊！」Max 看起來鬆了一口氣。殊不知，從隔天起，我就「剛好」天天經過他們學院，還傳簡訊邀他一起吃飯（他們學院是所有學院中最遠的，絕對不可能剛好經過，但是因為學院就在高爾夫球場旁，所以我告訴他我忽然發現我好喜歡邊吃飯邊看著球場，竟然也被採信了。）就這樣，我們「剛好」一起吃了一整個禮拜的晚餐，「剛好」一起吃完飯後在學院圖書室中寫作業。到了第五個晚上，半夜十二點半，Max 陪我從圖書室走向學院大門口。在打開門前，我們都停了下來。

「對了……」我們同時說。「啊，你先說吧！」我們又互相讓來讓去。

「好啦，總之下禮拜有個……」讓了半天，我們還是同時說了這句話，兩個人都不禁噗哧笑了出來。

「妳有什麼？」他問我。

「下禮拜二晚上，我……我的飲食俱樂部②舉辦一個品酒派對，可以攜伴參加……我想說……你知道，我知道你還沒決定要不要加入飲食俱樂部，或許這是個好機會，可以客觀的評估一下。」我正經八百的回答。

「喔，這樣，嗯，好啊，我不常去這種場合，不過應該滿好玩的。」他抓抓頭說。又停頓了一下，我回問他：「那，所以，你下禮拜又有什麼？」

「喔……嗯，妳知道我喜歡大提琴，那個，下禮拜六晚上有個很棒的樂團要來學校表演，我的音樂教授說可以幫我拿到兩張免費的票。妳……妳會有興趣嗎？」他說。

「嗯，好啊，就這麼說定了吧！」我強掩心中快撞出來的小鹿，鎮定的說。「那，晚安囉！」他咧嘴笑著，幫我開門。

"Bonne nuit!" 我開心的用法文回他。

據在場的朋友轉述，在那品酒派對上，我們兩個人完全沉浸在自己的小世界裡，自以為是的參雜著法文、為彼此的愚蠢玩笑話咯咯笑個不停。那之後，我們連上法文課四目相對時，都會無法自制的嘴角上揚。

幾天後，在與他相約要去看音樂會的幾小時前，我赫然意識到這是場很正式的表演，女生必須要穿晚禮服與會。臨時找不到禮服的我，慌慌張張的找到了一個體格和我差不多的大四學姊解救我——只不過，學姊只有一件鮮豔的蘋果綠小禮服，雖然不是我習慣的顏色，不過情勢急迫下，也只得趕緊穿上高跟鞋，衝往音樂廳。

當我半走半跑的接近音樂廳大門時，遠遠的，我看見一個同樣穿著蘋果綠的人拚了命的騎著腳踏車衝向我。還沒反應過來，滿身大汗、氣喘吁吁的 Max 就煞車停在我正前面。「呼呼，我臨時發現沒有正式的襯衫，所以跟我室友借，結果他竟然只有蘋果綠的！」他說。定下神，他發現我也尷尬的穿著蘋果綠，兩個人都長嘆了一口氣，哈哈大笑。他停好腳踏車，我們一起走進音樂廳，往樓上的包廂走去。邊走，他邊輕聲說：「妳知道，我的姓在西班牙文是蘋果園的意思，今天我們好像兩顆蘋果。」

音樂會晃眼間就結束了，但我們兩個的話匣子似乎關不起來。我們去了音樂廳旁的冰淇淋店，然後邊吃，邊散步走到了高爾夫球場。「妳想不想去草地上坐一下？」他問。我沒有回答，就點點頭，他回：「那妳等等我，我去宿舍裡拿幾條毛毯。」說完，他飛奔向宿舍，幾分鐘後又捧著毯子回到我面前。高爾夫球場其實早關門了，但是我們找到了圍籬的一個空隙，他先鑽了進去，我再翻牆跳過去，被他接住。那時的我，驚訝竟然有這麼一個跟我一樣喜歡做「愚蠢」事情的人，在寒冷初春的晚上，躺在空無一人的高爾夫球場中間，看著滿天的星星，讓思緒出來毫無目的的漫步，此起彼落的說著話，看似遙無交點，卻又莫名的貼近。忽然，我發現平常無法忍受沉默的我，竟然能夠在他身邊開始享受沉默。忽然，我發現竟然有個人可以如此自然的加入我的意識流，而不用刻意解釋。原來，原來，原來！

就這樣，五個小時過去了。愈接近日出，氣溫愈低，我正努力把整個身體都縮到毛毯裡的時候，忽然感受到身旁一股熱氣，我轉過頭看，發現黑暗中的 Max 臉紅得發燙。正在困惑發生什麼事的時候，他開口「嗯」、「啊」、「呃」的結巴了兩分鐘，才終於吞了吞口水，說：「我，我覺得妳非常漂亮。」我恍然大悟，臉也紅了，想反將他一軍：「你也不賴啦，先生。」我看他的臉已經漲紅到接近沸點，心生憐憫，反問他：「所以，你今天約我去音樂會到底是為什麼？」「我，我只是覺得妳會喜歡這個樂團……」他說。「嗯哼？」我挑起眉頭。「還有，對啦，嗯，我對妳很有興趣……」他看起來尷尬得恨不得鑽個地洞躲進去。說也奇怪，當時的我覺得他這樣可愛極了，就這樣盯著他微笑。一會後，他挫折的說：「唉，我從來沒做過這檔事（指告白），所以我現在該做什麼？」聽到這裡，我已經笑到接近內傷，趕緊解救他，說：「先生，我想，你已經成功了！」

這樣的情節，通常都該是高中時期出現的，但這兩個對於感情遲鈍的人，等到二十歲才有初戀，不只對我們是件大事，對身旁的人才像是號外新聞一樣，聽到這消息又叫又跳的，比我們還激動。「劉安婷交男朋友了！」我朋友們的臉書爆炸般的寫著。「原來 Max 喜歡女生?!」他的室友原本最愛笑被許多女生暗戀的 Max 竟沒有女朋友，應該是喜歡男生，沒想到他們的得意推論被我推翻了，還特別來找我確認不是愚人節的玩笑。

甜蜜的背後

那之後的兩個月，我好像活在童話故事裡，和最喜歡的人一起去舞會、去上課、去吃飯，每天恨不得有更多時間跟他在一起、恨不得有更多人看見我們的甜蜜。我深深相信他就是我的王子，以為唯有兩人一起，才可以活出幸福快樂的童話故事。

但是在我們交往約第五個禮拜的時候，有一天，他忽然好像「人間蒸發」了，任憑我打手機、傳簡訊、email，還請他的室友們找遍了他可能會出現的地方，就是沒有人知道他在哪裡。就這樣，他消失了四十八小時之後，才終於回到他的房間，回了封「對不起，我忘了帶手機」的簡訊給我。

當時，我非常生氣的問他：「對不起？你到底跑去哪裡了？你怎麼可以讓我這麼擔心呢？」

他很無辜的回答說：「今天我下課走回宿舍的時候，看到一隻好漂亮的鳥，就停在高爾夫球場的草皮上，我趕緊回房間拿起相機跑下去，追著鳥一直跑、一直跑，跑著跑著就跑進了學校旁邊的森林。在裡面我開始看見好多的植物、動物，所以沉浸在這一刻與自己相處的時光裡，忘記時間，甚至忘記隔天去上課……」

聽了他的回答以後，我其實更生氣。我覺得他完全沒有把我放在眼裡、認為他並不珍惜我的存在，所以我警告他以後再也不可以超過一天不打給我，不然多麼自私！

因為我沉浸在童話故事裡，接近無法自拔的地步，所以我愈來愈害怕他的消失。當時，我們一起申請一個暑假到法國的實習計畫，錄取後由學校負責分發。承辦的教授得知我和 Max 都入選後，貼心的問我們兩個想不想被分到同一份工作。我高興得趕緊說好，也沒想到要特別問他。這份工作是在波爾多的一個酒莊，兩個人每天早上去採葡萄，下午就和酒莊負責人一起在游泳池畔喝著自家的葡萄酒，等於是整個暑假邊約會、邊工作、邊學法文，該有多好！

沒想到，Max 得知我代他回覆後，眉頭深鎖。隔天，他在深思一整晚後，自己去跟教授說他希望能爭取和我分開、獨立工作的機會。當我得知他做了這個決定，實在無法理解，甚至為此難過了很久。但很快，我又說服自己我活在童話故事裡，甚至加了一個新招：約會時只說法文，天天都浪漫！

交往的第八個禮拜，就是期末考週。考期的最後一天，我比 Max 早考完，所以我興高采烈的特別換上漂亮的新洋裝，跑到他的考場外等他。鐘響後，他帶著倦容走出來，我給他一個大大的擁抱，然後拉著他走到我早已訂好的餐廳想慶祝一番。沒想到，一點完菜，他便面色凝重的說：「我有件事得跟妳說。」我盯著他看，他繼續說：「我覺得……我覺得……我們，我們分開吧。」我瞪大眼睛，無法相信我聽到的話，眼淚不聽使喚的先流了下來。「為什麼？為什麼？為什麼？」我幾乎歇斯底里的問著。他沉重的搖搖頭，眼眶也紅了，說：「我必須忠於自己。」「不、不、不、不、不……」我喃喃自語般說著。他用力的抿著下唇，眼淚也不斷的流過他的臉頰。「對不起，原諒我。」他說。接著，他便起身，連午餐都沒吃，便頭也不回的走了。

「要打包嗎？」侍者前來詢問。我已經不記得回了他什麼，只覺得被狠狠的從白馬王子的馬背上摔下來，痛得椎心刺骨。

當輕鬆愉快的女生變成「虎姑婆」

雖然只是一段兩個月的短命初戀，但是那之後的一整年，我都沉浸在某種瓊瑤式的淡淡哀愁之中。我的每個朋友都知道，和我出去吃飯或喝咖啡，最後一定得提到 Max 長、Max 短。即使當 Max 已經交了新的女朋友，即使當朋友們都理性分析我們個性是怎樣的不合適，即使當他毫無預警的休學一年，連他的新女友都無法得知他的下落，只知道他不想被打擾……。有一段很長的時間，我仍然堅持Max是「全世界最懂我的人」，身旁的人無奈，卻也束手無策。

和Max分手後一年，我認識了比我大一屆的Becker。這兩個男生，講起來相似度高得令人發毛：都是一半拉丁美洲裔、一半歐洲血統；都在加州長大；都是學理工的；連告白地點都一樣；最離譜的是他們兩個同月同日生。我和Becker在他畢業典禮前一天開始交往，之後那一年，他在紐約工作，我便來回於普林斯頓與紐約之間，幾乎沒有一個週末間斷。整整一年後，在我畢業典禮的前一天，他毫無預警的提出分手。「我要忠於自己！」他說。隔週，他便搬去約旦，和一群熱血的阿拉伯工程師創業。

換句話說，不只背景像，Max和Becker這兩個男生連和我分手的方法和理由都一模一樣。我依然花了好幾個月的時間，在無數朋友陪我哭泣的夜晚之後，才慢慢的拾回思考的力氣。當我開始咀嚼這兩段感情弔詭的相似之處，我忽然有種醍醐灌頂的醒悟：原來，一直以來，我所愛的，不是這些「王子」，而是自己所編織的童話故事。也因為我心目中對「王子」的狹隘定義，我一而再，再而三的和這麼雷同的人交往。

那兩個我自以為「最了解我」的王子，了解的其實是開始沉浸在童話故事前的我。一旦開始交往，他們開始無法理解為何我的個性會有一百八十度的轉變：交往前，我是個輕鬆愉快的女生；交往後，我變成一個每天以高標準鞭策他們的「虎姑婆」。交往前，我喜歡冒險、喜歡認識新朋友；交往後，我開始把他們綁在身邊，只想兩個人膩在一起。反過來說，我所了解的，也不是真正的他們，而時常是在我腦中編織出的王子應該有的長相、個性和未來規畫。我從未認真聆聽他們真正的夢想、真正的自我，因為我滿心想把他們調整成我故事裡完美的王子角色。也難怪，到最後他們都為了「忠於自我」，而選擇結束我們的關係。

講這些領悟，不是說我和 Max 或和 Becker 的關係沒有深刻的回憶，或我和他們之間沒有真正的連結或化學作用。事實上，我們陪彼此走過許多重要的生命篇章，也一起經歷過許多無法磨滅的美好和成長，但是因為沒有辦法走出對童話故事的執著，當朋友時的要好和相互支持，反而因為最後無法承受要求彼此改變的壓力而分道揚鑣，是多麼可惜的呢。

而當我終於能夠一步一步走出自己的世界，回頭接受他們以及自己的優點和不完美，我才真正開始「原諒」他們，也才真正開始復原。

關於愛情的兩個先令

承認自己對於「童話故事」的盲目追求，其實對我來說並不簡單。畢竟，從小我以課業上的優異表現為豪，也因此天真的認為我在感情上也理當是個「資優生」。在這些感情破碎之後，我開始意識到康復的跡象，不一定是當我把心剛硬起來，成為所謂「堅強」的人，以理性取代感性來面對感情。

相反的，開始重新找回甚至比分手之前更多的力量，是當我開始願意柔軟的接納、擁抱我的弱點。換句話說，我必須先承認即使在學業上的成績單亮麗，在感情上是嚴重的不及格。不僅因為如此，我更加喜樂的活出自己，即使我不完美，我可以更勇敢的面對我在感情上需要有的成長，而不是一味的逃避，放縱自己在分手的自怨自艾之中。

以前，我對愛情的想像是兩個半圓，因為遇到另一半而完整。現在，我看清原來成熟的感情，是兩個完整的圓，一個黃、一個藍，結合起來變成一個綠的圓。我生命中的缺陷、不安全感、快樂的來源，不該是我的另外一半，不該是任何一個再棒的人可以擔當的責任，反而時常因為這無法承擔的壓力，成為壓垮感情的最後一根稻草，而更嚴重的會在分手後掏空各自生命的意義。「你使我的人生完整」不只是不切實際的幻想而已，更有可能是危險的。兩個健康、完整的個體，才有可能不但不互相磨損，更能因著結合而帶出更大的影響力，所謂「1+1>2」，是現在我心目中理想關係的圖像。

在感情的挫折裡，我開始學習，我的他不能是我的偶像、不能是我的全部。因為就如同我自己不完美，他也一定不完美。用一個偶像的態度來面對他，剛開始很甜蜜，很快的會在偶像的光環退去時，看見他的不完美：原本該是「真實」的一面，卻因為不合理的期待而變得「不能忍受」。更進一步說，很多的迷惘，來自於我明明知道他一定不完美，卻依然堅持將對方變成我的「全部」：為此，甚至讓他取代我的家人、摯友和其他生命目標的重要性。但沒有一個再棒、再努力的人，可以彌補我所放棄的一切價值。我逐漸意識到，最美的關係，不是消滅彼此的不完美而停止學習，而是即使在不

我開始願意柔軟的接納、擁抱自己的弱點，我重新找回比分手之前更多的力量。

完美之中還能彼此包容、支持、鼓勵、成長。

一次次感情上的跌倒，曾經我對感情徹底失望，認為這世界上沒有「對的人」。但慢慢的我發現，我所看見對方「不對」的地方，很多時候是因為自己身上的磁鐵也是「不對」的。

比方說，當我的自我形象扭曲時，我認為自己不配被愛，或是我在這世上沒有特別的存在意義，那麼吸引我的對象，往往就是另一個極端：一個認為自己配得全世界的關愛、認為世界繞著他轉的人，凡事配合他，因為在他身上，有我投射我想要成為、卻似乎無法成為的形象。又比方說，當我對自己的情緒管理沒有足夠的了解與成熟度，時常會吸引到認為這樣情緒化的特質是「有個性」、自己相對也沒有高EQ的人。

因此，交往一段時間後，當我花大量的心思和力氣想要去改變對方，或者是埋怨總是找不到對的人，我意識到或許更重要的解方，應該是將時間轉而投資在讓自己不斷成長，成為那個心目中「對」的人。磁鐵對了，吸引的對象也就對了。

最後，我學到的，是當兩個人在一起，不能單是面對面的看到彼此，這樣遲早會看膩，遲早會被困在自己的狹窄眼光裡，遲早會失去生命中其他的重要關係和探索，遲早會怪對方讓自己犧牲夢想。雖然「愛情至上」、「為愛而生」這種詞聽起來是多麼的浪漫、令人憧憬，但現實中會為愛情拋下一切的對象，卻時常代表著混沌的價值優先次序，甚至有一天，很有可能因為另一個衝動而拋下你。

在跌倒多次後，我花了不少時間觀察身旁的健康愛情關係，發現它們都有一個特質：他們愛彼此的表現，不是緊抓著對方不放，滯足不前，而是幫助彼此朝著共同的人生願景奔跑。換句話說，人生的馬拉松，若是能有個能力相當、目標一致的夥伴一同奔跑，是多麼美麗；但若是必須拖著彼此，模糊最後的終點，這樣的關係很容易就成為包袱，讓相愛的兩人反目成仇。我意識到這是多麼重要的根基，是彼此都能因為關係而更好的原因。現在的我相信，真正最持久的愛情，是一個「1+1>2」的方程式。

我記得，在我和 Becker 交往一年後分手時，我的媽媽抱著我哭，但告訴我：「祝福他！哭著也要祝福他！」

當時我真的不懂，「祝福他？罵死他都來不及了，還要我祝福他？」

但媽媽告訴我，妳的確必須花時間好好讓自己發洩情緒、重新整理、治療傷口，但若是在這個過程中，反而讓自己的心被恨與憤怒所填滿，最後一次傷害的是自己，以及未來的對象。

祝福他，不代表必須繼續喜歡他、愛他，但是我自己所堅信的：「我是被愛的，而且我的存在有獨一無二的意義。」——這樣的真理，不只對我來說是真的，對任何人也該是真的。他同樣值得被愛、同樣有獨一無二的價值。再生氣、失望、受傷，我都必須記得「愛」依然是這世上最偉大的力量。愛是饒恕，是不計算人家的惡，凡事包容，凡事相信，凡事盼望。「包容」別人與我們的信念不同，「相信」不論是誰，不論做過什麼事，都是珍貴的、特別的、值得被愛的，也「盼望」著真正的愛所能帶來的希望與改變。

健康愛情關係：愛彼此的表現，不是緊抓著對方不放，滯足不前，而是幫助彼此朝著共同的人生願景奔跑。

有時候我想，雖然耶穌沒有和任何對象交往過，但當他被他最深愛的世人背叛、釘在十字架上時，那樣的心碎或許就是最慘痛的一種「失戀」。但即使如此，他從未詛咒過他的「愛人」，反而是在斷氣前仍然請求上帝赦免他們。那是最偉大的愛情。

大二的尾曲：選系

在普林斯頓，就和大部分的美國大學一樣，大一、大二是不分系的。所以，在進入大三、大四所謂「高年級」（upperclassmen）的行列之前，最大的里程碑便是大二下學期的選系了。

選系的方式其實不複雜：每個科系都要求在大一、大二期間，必須先修過「pre-requisite」課程（入系前必修），通常只需上三至四門課，而且許多系的 pre-requisite 是相通的，所以學生若妥善規劃，大二下都有少至兩個，多至十個左右的系可以選擇。

唯一的例外，就是夙負盛名的「威爾遜公共與國際事務學院」：威爾遜學院是後來成為總統的威爾遜在擔任普林斯頓校長任內，認為國家需要的人才不能都只是「專才」，需要更多能融會貫通的「通才」。因此，威爾遜學院的學生必須修習政治、社會學、經濟學、心理學、歷史等課程。而學院本身開的課，以「任務小組」（task force）形式進行：針對當時重要的政策議題（例如：「過胖學齡兒童」、「中美外交關係」），邀請政府中實際在此領域做決策的人擔任客座教授。整個任務小組中，有二十位以內來自多元背景的學生，每週聚集，在教授帶領下了解議題、互相辯證。整個學期最後的作業，就是要全班交出一份共同的政策白皮書。由於教授們多會把白皮書帶回政府，所以學生們最大的成就感，往往來自於看見自己的成果真正影響實際政策、被施行下來。

這個科系是普林斯頓獨一無二的驕傲，也因此競爭特別激烈：每年，威爾遜學院都固定只錄取九十名學生，大二生若有興趣進入學院，必須在大二寒假提出申請，每年平均有約兩百人申請。輪到我時，我戰戰兢兢的在申請書上寫下：我最大的希望，是「Education For All」，透過我在威爾遜學院所學，為世界上每個孩子的受教權盡我的一份力！

一個月後，我接到室友興奮得喘不過氣的電話：「公布了！公布了！威爾遜學院的錄取名單公布了！他們只個別用實體信件通知錄取者，所以趕快去妳的信箱看看！」掛了電話，我忙不迭的套上外套，從房間跑入三月依然刺寒的天氣，不到十分鐘，我來到了學生中心的信箱前。深深吸了一口氣，打開我的信箱，果真裡面有來自威爾遜學院的一封信——只不過不知道是錄取還是拒絕信。我拿著那個信封，閉上眼睛，默默的祈禱：「神啊，這或許會是我大學生涯中最重要的一封信。幫助我有信心，不論結果如何，都是祢最美好的旨意。」

睜開眼睛、拆開信封，打開摺好的信紙，上面寫著：「恭喜妳，歡迎加入威爾遜的大家庭。」

我興奮的在學生中心裡又叫又跳。而之後的兩年也證明，我真的無法想像能有比威爾遜學院的課程更適合我的學習歷程。在台灣，優秀的學生往往要讀什麼都可以，卻在選擇的交叉路口無法抉擇。這個挑戰，有一大部分是因為我們的教育體制嚴重缺乏讓學生探索自己的機制；但另一個很重要的癥結點，在於我們往往都陷入對於「專家」的盲目崇拜與追求之中。事實上，任何領域的領導人不一定要是個博士，但一定要懂得看得廣、知道如何跨領域、統整各方意見，做出對大方向最好的決定。在專家的迷思之中，每個專家時常都只能就自己所知道的領域，相對只能狹隘的見樹而不見林，更會有為捍衛專家權威而固執己見的現象，無法顧全大局。最後，也因為這些「專家」的養成過程中，與實務幾乎完全的脫節，而產生了一個個「何不食肉糜」的上位者——這是極度危險的。

總之，雖然到現在當別人問我：「妳大學讀什麼系？」我都必須「落落長」的解釋一番，但我打從心底感謝威爾遜學院所給予我兩年充滿啟發的訓練。大學，或許真的不在乎知識學的多寡，而更在於是否能在這幾年最精華的歲月中，扎實且全方位的去認識、發展自己，而在四年後成為一個有根基、有內涵、完整的「人」。

在大學最精華的歲月中，重要的是扎實且全方位的認識、發展自己，而在四年後成為一個有根基、有內涵、完整的「人」。

---

① 普林斯頓的大學部分成六大學院，和科系無關，所有新生都會隨機被分配到其一，每個學院都有自己的宿舍與餐廳，有點類似《哈利波特》裡形容的形式，但學生可自由選擇要在自己或是其他學院的餐廳用餐。

② 普林斯頓的大三、大四生大多數會選擇加入一個飲食俱樂部，總共有十間，都是歷史悠久、採會員制的，所以在大二下時學生就會開始想辦法加入自己心儀的俱樂部，當時我已經短暫的加入其一，而 Max 還在考慮中。

4

巴黎：流動的饗宴

"If you are lucky enough to have lived in Paris as a young man, then wherever you go for the rest of your life, it stays with you, for Paris is a moveable feast."

— Ernest Hemingway

如果你夠幸運，在年輕時待過巴黎，那麼巴黎將永遠跟著你，因為巴黎是一席流動的饗宴。

——海明威寫於 1950 年

「如果說美國讓妳變成個大人，那麼法國讓妳變成個女人。」我最好的朋友總愛這樣說。我通常很不喜歡人們在我身上直接放上「女人」的標籤，但對於這句話，我從未與她爭過，或許因為這是真的。

有人問我，巴黎的女人到底有什麼特別的？從在巴黎那年的當下和離開之後，我不斷的咀嚼這個問題，終於抵達了一個小結論：巴黎女人的特別，在於她們沒什麼特別的。

什麼意思？比方說，典型的紐約女人（想想「慾望城市」或是「花邊教主」），對於自己的突出是自信外顯、甚至有攻擊性的。從穿著來看，鮮豔的顏色、低胸露背和誇張的裝飾，呈現出她們對於個人風格的堅持和固執。

巴黎的女人呢？曾經，我看過一本法國前名模寫的書，教年輕女孩如何看起來「更巴黎」。而在她書中，做一個巴黎女人，是件矛盾的功課：一方面，對於所有可能代表自己的事物，從服裝、裝飾品、化妝技巧到髮型，甚至是筆記本，她們無不用心詮釋、精心挑選。然而，最至上重要的原則，是要看起來不經意、漫不經心。

換句話說，巴黎女人執著也費心於自己的「不特別」：走在巴黎的街頭，不像在紐約，會對某些女人的打扮特別印象深刻，卻會被每一個女人——即使是上了年紀的女人——內斂卻強烈的韻味深深吸引。

沒有在法國住過前的我，很掙扎該如何定義自己的「風格」：一方面，我當然希望自己的裝扮能令人賞心悅目；但另一方面，一路和男生們共同競爭的我，對於許多人給女人的評論，不論是正面或負面，都只停在外表，深感作嘔。所以，大學一、二年級之前，我從不化妝，從不花心思在外表，總是蓬頭散髮、穿著沒燙過的衣服到處晃盪。我認為，既然我極其渴望是我的內在而非外在被看見，這是我對現行主流思考的「抗議」。

在巴黎，我才在這第一個將「平等」放入憲法中的國家學到，和男人平起平坐的女人，並不代表必須在外表或舉

止上和男人「看齊」。相反的，巴黎女人認真看待自己女性的優勢，呈現出不帶給別人壓力、不受天生外表條件限制的美麗，進而邀請、吸引人去看見她們的頭腦和內心。

巴黎女人的著衣哲學，是生命的哲學。如果要說巴黎如何改變我，也正是如此：完全沒有戲劇性、也不「特別」，卻在我身上雕刻出不可磨滅，也不需對外宣告，對於最原始的自己的欣賞。當我搬離巴黎，回到普林斯頓的第一個晚上，一大群朋友來到我的宿舍拜訪我，圍著我，大夥交換了一次次充滿好奇心的困惑：「妳變了，妳真的變了，但是到底哪裡變了？」我的心深深的微笑著。正是如此。

不是在上法文課，就是在前往法文課的路上

為什麼會開始學法文？其實我也沒有個完整的答案。不過記得剛上大學時，當我到處詢問學長姊關於修課意見（因為大三才選系，所以什麼課都可以修），大家的意見南轅北轍，但是唯一共通的建議是：「學個新語言！大學畢業後就幾乎再也沒有這樣的機會和精力了！」

就這樣，我誤打誤撞的進入了入門法文課。我所不知道的是，在普林斯頓修法文，「入門」只不過是裝飾用的形容詞，和事實完全不符。在大多數同學都畢業於美國、甚至是世界頂尖高中的狀況

巴黎女人的著衣哲學，是生命的哲學。

下，法文，身為聯合國兩大正式語言之一，幾乎都被列入高中重要課程之一，很少有人是從零學起。習慣台灣體制的我，直覺認為外語課應該都是調劑用的選修，殊不知學校是抱著既然要學，就要學到精通的態度，工作量比其他所有的課都多，一點馬虎不得。

這樣辛苦的上了一學期之後，我為了讓自己不要再落後，自告奮勇的去甄選每年只錄取十多個學生的「超密集法文」課程。除了要通過面試才能修課，第二學期開學後，這堂課從週一到週五每天都上九十分鐘，而且每天都有至少三小時的功課。理論上來說，這堂課只該是我那學期工作量的四分之一，但我的朋友們總愛笑我：「劉安婷總是在去上法文課的路上、從法文課回來的路上，或是寫法文作業之中。」對於連英文都在適應當中的我，頭腦整天都呈現「張飛打岳飛」，所有語言攪在一起的混沌狀。記得有一次，台灣的外婆打電話來，我嘗試用台語回話，沒想到怎麼說，口中講出的卻都是法文。還有數不清的時候，上法文課想回答教授問題，腦裡想說「Oui」（法文的「Yes」），卻脫口而出中文的「對」。到學期末時，我的法文教授還笑著感謝我，他的中文也大大進步了。

不管是高中時，開始有人說我是「英文怪胎」，或是現在有人說我「精通英、法、中、台四語」（台語絕對是場美麗的誤會），總是會有人不斷的問：「妳的祕訣是什麼？」，或是直接說：「她有學語言的天賦。」

然而，上國中時，我連「people」這個字怎麼拼都還需要側頭想一想；十八歲開始學法文時，頭腦更硬，更是痛苦。比方說，法文「r」所需發的氣音特別的難，而我又似乎特別缺少慧根——曾經有一次上課，全班十個同學加教授，暫停課程內容十分鐘，輪流示範、告訴我他們的撇步，我就在眾目睽睽下，一次又一次的試著發出「r」的音，卻怎麼發，就是怎麼錯。到最後，大夥筋疲力竭，決定放棄。雖然沒有人指責或嘲笑我，當他們放棄時，我還是恨不得有個洞可以鑽進去，對於自己有種很深的「恨鐵不成鋼」的憤怒。

學期末，「超密集法文」課程要求學生要通過和教授一對一的口試。前一週，我已經緊張得腹瀉、吃不下飯。面對怎麼唸就是唸不對的「r」音，有揮之不去的無助感。口試前一天，我下定決心不論如何要好好的打完最後一仗。既然圖書館裡不能說話，房間裡的室友也都在讀書，我毅然決然走到學生中心最偏僻的公共廁所裡。打開其中一間，坐在馬桶蓋上，把所有的面子都放在一邊，開口一聲聲「rrrrrr」、「rrrrrrrrrrr」的大聲發音。整個晚上，超過三、四個小時的期間，只有偶爾幾次有人進到廁所時我會暫停，假裝在「正常」的上廁所。我猜，如果真的有人把這幾個小時的景況錄下來觀察，肯定會覺得我精神出了問題，或是這廁所鬧鬼。「rrrrrrrrrrrrr」、「rrrrrrrrrrrrrrrrrr」、「rrrrrrrrrrrrrrrrrrrrrrrrrrr」，總之我使盡全力，拋下一切包袱，只為了把這一個討人厭的音發好。

隔天，當我在教授面前，同樣拋下一切面子，不再在每個「r」音之前停頓，或是在之後緊張。我知道發音同樣不完美，但是一分鐘、兩分鐘過去了，隨著我說話，我看著教授從抬起眉毛、露出驚喜的微笑，到我說完時他微笑伸出雙手，優雅的為我拍拍手。「妳做到了。」他說：「甚至比其他同學都好，因為妳連美國腔都沒有！」

我出第一本書的時候，我說，學英文之道無他，厚臉皮而已。五年後，我重新學了一個語言，重新試驗過自己的理論，而我同樣會再說一樣的話。放掉自己假想的包袱，不但沒有讓我丟臉，反而讓我跑得比別人更快。

叮叮噹噹的法語初體驗

二〇一〇年六月二號，我第一次來到巴黎。在那之前，我幸運的通過甄選，成為學校每年暑假全額資助派往法國實習的約二十位學生之一。我被分配到的實習工作，是在一位校友在巴黎新創辦的「創意英語學校」裡擔任老師。這個創意學校，說是學校，卻藏身在一個住宅區的公寓中，所以我也被告知會住在公寓中的一個小房間裡，旁邊毫無地標。起飛之前，我將「老闆」給我的地址，外加我描著 Google Maps 畫的極簡略版地圖抄在筆記本裡。

到達戴高樂機場，拖著大大的行李箱，我跳上一輛計程車。司機將我的行李放入後車廂，坐回車裡轉頭問我要去哪裡的剎那，我才發現，學了兩年的法文，在真正需要用的當下卻連最簡單的指示都說不出來。我看著司機先生，結結巴巴說不出個所以然，忽然發覺他看起來是個亞洲面孔，絞盡腦汁

學語言之道無他，厚臉皮而已。放掉自己假想的包袱，反而讓我跑得比別人更快。

把文法和單字組合在一起後，我問的第一個問題是：「先生，請問您會說中文嗎？」

"Non," 他說：「我是越南人。」他稍稍緊張的問我：「妳知道妳要去哪裡嗎？」

"Oui oui oui..." 我也緊張回答，管不得什麼文法單字，只能憑著直覺，說：「在……在第十六區……在一個公園旁邊……會經過一個隧道……」

「地址是什麼？」他問。

「啊！在這裡在這裡。」我忙不迭的把筆記本拿給他看。

看了一會兒，他皺眉頭說：「這什麼路，我聽都沒聽過。」說著，便拿出他的GPS，GPS也對這個地址發出一個「錯誤」的訊號。接著，他拿出紙本地圖，端倪了好一陣子。「真的沒有啊，這哪來的路……」他似乎已經放棄繼續問我的任何希望，所以在我能插嘴前，他拿起手機打給他一個開計程車的朋友。「喂，這個什麼路……你有沒有聽過？」聽起來，他的朋友也完全沒聽過這路。

轉過頭，他雙手一攤，跟我說：「我們只好去探險囉！」於是我們啟程，開始去十六區的每個公園旁邊找尋這條神祕的路。一路上，我先是不斷為我破爛的法文跟他抱歉，他爽朗的笑了笑，說：「再過幾個禮拜就好了，別擔心，小女孩。」然後，我們聊到了他如何搬離越南，也聊到了我在巴黎要做什麼，整個路程裡叮叮噹噹的聊著，時間也好像過得特別快。忽然他驚呼：「歐啦啦！我找到妳的路啦！」原來，這條路是另一條大路的延伸，在縮小的同時名字也變了，難怪沒有人聽過。

很快的，我們找到了我的門牌號，司機先生將車子停在路邊，卸下我的行李。「司機先生，謝謝你，你是我的第一個法國朋友！」道別前，我對他這樣說。「哈哈哈！我的榮幸。Au revoir, mademoiselle.（再見，小姐。）」

這時候，我心中的成就感甚至比完成「超密集法文」課的口試更大。依稀，我記起第一次去美國，第一次能和當地朋友閒話家常的滿足感。原來，學什麼語言都是一樣的，不只是所謂世界共通的英文而已，最終的目的不是為了證明什麼，而單純的是為了能與更多人溝通。即使是這麼不起眼的計程車之旅，都一樣可以充滿意義。

溫馨小公寓

下了計程車，我又打開筆記本，「四樓」，我潦草的字跡似乎這樣寫著。我按了電鈴，然後局促不安的等了十秒鐘。沒有人回應。我又打開筆記本，怎麼看都還是四樓，所以又鼓起勇氣按了一次電鈴。又等了三十秒，還是沒有任何反應。忽然，對講機另一方傳出了一陣吵鬧的聲音：「哈囉？哈囉？是安婷嗎？」「是的，我是！」我開心的回。「太好了，我馬上下來！（維多利亞，妳不要再哭了！）啊，對不起，我的小女兒在鬧脾氣。我下來了！」

三十秒後，大門被用力的甩開，一位金髮、約四十歲的女性衝了出來，比手畫腳的說：「啊，

學什麼語言都是一樣的，最終目的不是為了證明什麼，而是單純為了能與更多人溝通。

excusez-moi，啊，我是說，對不起，我就是Ayn（安），讓妳等這麼久，真抱歉！」「沒關係！所以我應該把行李拿上去嗎？」我問。「噢，不是的，妳住在我們隔壁棟的一個小套房！來，我這就帶妳去。」

邊走，她邊跟我說：「我猜妳聽也知道，我是美國人，但是二十年前普林斯頓畢業沒多久，就嫁來巴黎了，所以我有這個小套房，是我爸媽來探望我時住的地方。暑假他們不會來，所以就先分租給妳。」

打開隔壁公寓的一樓大門，昏暗的大廳底端有一個門。「如果妳怕忘記，妳可以看門牌，上面寫著我的本姓『克勞馥』，就是名模辛蒂．克勞馥的那個姓喔！」講完，她自己得意的笑了笑。

「來，進來吧！」

「哇！」走進這小公寓的同時，我打從心底由衷的驚嘆。誰會想到在這陰暗的小角落，可以有這麼可愛的一個空間呢？差不多只有十坪的空間，卻簡單的利用配色、燈光、舊家具和小裝飾品，布置得很有味道。看著我的表情，Ayn微笑說：「歡迎來到巴黎。」

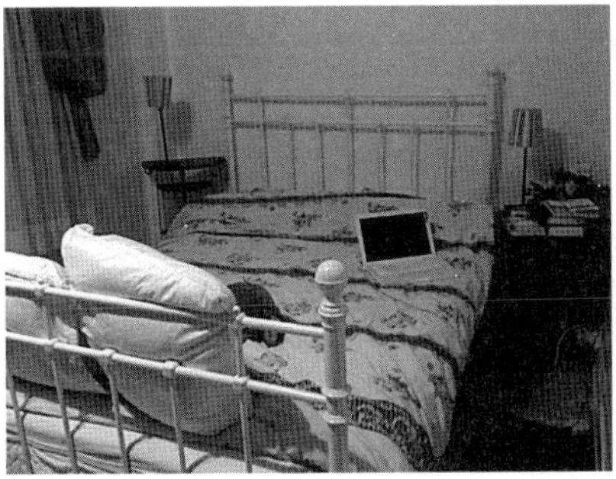

轉身，她開始介紹：「來，這裡是小廚房，這個沙發可以變成沙發床。喔，對了，從這裡出去右轉，走不到五分鐘就是最近的地鐵站 Brochant，很方便的！」接著，我們走進了臥室裡。她說：「唯一的缺點，就是這公寓只有一張雙人床，妳會和另外一位同學一起分，這樣可以嗎？」

「可以，可以……」我好像怕她把這公寓收回去，用力的點著頭。幾天後，同樣從普林斯頓來的室友亞麗珊卓（簡稱 Alex）會抵達，我們雖然在學校不認識，卻因為做了一個暑假的「床友」，其中包括了當我失戀，半夜抱著她哭，也包括她做惡夢，轉過身賞了我一巴掌，我們成了無話不可談的好朋友。到現在，我和 Alex 每次碰面，都還會半開玩笑的把這張床的照片拿出來「膜拜」一下，是個「食果子，拜樹頭」的概念。

總之，Ayn 看到我滿意了，就說：「那麼，就讓妳休息，禮拜一早上十點開始上工囉！」

巴黎好厝邊

送走 Ayn 之後，我才赫然發現，這是我第一次在大都市裡獨立生活，沒有家人，更沒有學校餐廳。看了看手錶，差不多是午餐的時間，肚子餓了，也只好走出門，看能找到什麼來吃。

走上街，開始往看起來人比較多的方向走去。三十秒不到，我經過了一家手工巧克力店。店裡燈光昏暗，還是遮攔不住巧克力誘人的香味和身影。在我意識到發生什麼事情之前，我的雙手已經推開了門，我的腳也不聽使喚的走了進去。"Bonjour...?" 我對著看似無人的店裡喊著。"Bonjour!" 從櫃檯後面的房間裡傳來一個溫柔卻充滿精力的回應。這時，一個禿了半顆頭，帶著哈利波特般復古眼鏡的老先生走了出來。「Mademoiselle，我可以幫妳什麼嗎？」他彬彬有禮的問。

「嗯……嗯……」我的舌頭好像又打了結。「我，我想要一個巧克力。」講完，我就在心中暗罵自己：「廢話！不然妳來巧克力店幹嘛？」但也只能可憐兮兮的看著老闆，看他怎麼回覆。

「想要怎麼樣的巧克力呢？」他繼續用溫柔的口吻問我。看我欲言又止，他笑了笑，說：「來，我幫妳介紹一下吧……」他招手示意我走進一點，「妳看……這區的巧克力都是比較甜的……這區的巧克力是比較硬的……」他不厭其煩、如數家珍的向我解釋了所有店裡的巧克力，即使我當時只能聽懂差不多一半的內容。

「所以，妳想要哪種呢？」講完，他微笑的問我。「嗯，我都好想要……」我老實的回答。「呵呵，那我送妳幾顆當小禮物吧。」說著，他還逗趣的擠眉弄眼一番。飢腸轆轆的我充滿感激，「以後，我一定會常來光顧！」我跟他說。「呵呵，好啊，我們是好鄰居喔！」他笑著揮手送我出去。

雖然有了巧克力，還是沒辦法填飽我的肚子，所以我又繼續往前走。三分鐘之後，身旁出現了一個白色的建築，人們提著購物袋進進出出。我抬頭看，招牌上面寫著一行字，其中有個字我十分開心的認了出來：「市場！這是個市場！」我像瞬間退化十歲的小孩一樣，興奮的衝了進去。

一進去，我發現這個室內市場很像是比較明亮、乾淨版本的台灣傳統市場，裡面有賣菜的、賣水果的、賣肉的，也有賣麵包和起司的。我雖然餓，卻不知道從哪裡買起好。繞著市場晃了幾圈，攤販們都忍不住向這個亞洲女生投注些好奇的眼光。忽然，有個聲音從我背後傳來：「Petite chinoise!（中國小女生）妳在找什麼？」

我轉頭看，叫我的是一個半禿頭、五十歲左右的起司攤老闆。顯然，他已經「饒富興味」的觀察我像無頭蒼蠅般的繞市場一段時間了。畢竟，我們是在一個很少有觀光客光臨的寧靜住宅區，幾乎沒人有和亞洲人互動的機會。

「我……我……我肚子餓，所以我找食物。」我用極簡的法文，紅著臉像個三歲小孩招供一樣的回答他。「找食物？妳想吃什麼？」他問。我搔著頭，幾乎從來沒有自己下廚過的我一時也說不上來。我臉漲得更紅：「都……都可以……」他看我這麼緊張，反而被逗得呵呵大笑，招招手說：「來吧，我至少可以給妳吃一些起司！」

「妳想吃什麼樣的起司？」我一走近，他便問我。看我同樣疑惑的神情，他便微微笑，收起一些之前的興奮，先伸出手跟我握了握，放慢速度說：「我的名字叫做 Avion，沒錯，就是『飛機』的意思，不要擔心，我來教妳，我們法國人沒有起司可是活不下去的。」說著，他指向櫥窗的一個角落，說：「來，從那裡開始，那是比較軟的起司……這裡開始就是比較硬的了……另外那區，是特別調味的，像是有加辣椒或是咖啡豆……」

我看著飛機先生如數家珍般的介紹他的起司，雖然大部分的時候如鴨在聽雷，心情卻愈來愈放鬆。介紹完起司後，他給我一樣樣試吃，最後我們一起挑選了兩種起司（到現在我都還記不得它們的名字），他細心的包起來，還附上幾個他也有賣的有機優格和雞蛋。「吃完再來喔！」他笑嘻嘻的揮手送我走。

正當我感激卻困擾著只有巧克力和起司該如何果腹的時候，斜對面蔬果攤的阿姨也揮揮手叫我過去，接下來的二十分鐘，我又複習了一次所有水果和蔬菜的法文名字，也多了一袋新鮮水果。然後，另一個角落的黎巴嫩食物攤販也送我他們特製的玫瑰檸檬汁（事後證明，此為人間第一美味也）和一些小菜。就這樣，一個小時內，我不僅扎扎實實的上了堂法文課，手中也多了大包小包的愛心。

住在這裡的兩個月，我最享受的，就是從地鐵站出來，拜訪我的好厝邊的時光。飛機先生總愛和我討論那個暑假正熱騰騰在進行的世足賽，有時候拉了張椅子，就叫我坐在他的起司攤一起看比賽。有一次，他興致勃勃的問我：「吔，妳說妳在美國讀的學校，離紐約很近是不是？我想起來，我有個朋友搬去紐約的那個最大條的路……紐約的香榭大道……」「你是說第五大道嗎？」「對對！就是第五大道，我的朋友在那裡開了一間很不錯的起司店噢，妳回去幫我去看看他好不好？」我聽了不禁咯咯笑，飛機先生還馬上打電話叫他老婆從家裡的電腦裡印出他這朋友的資訊，只可惜之後我弄丟了，始終沒拜訪這個朋友。

另一方面，巧克力先生總是在我走進他店裡的時候對我喊著："Cadeau! Cadeau!"（「禮物」，發音類似「卡斗」。）然後給我吃一顆他當天剛做的新鮮巧克力。他尤其喜歡拿我當白老鼠，試吃他新研發的口味。有一次，我開心的一口咬下一顆巧克力，沒想到噴出烈酒，害我當場嗆得咳嗽。溫和的他，難得得意的笑了好久。暑假過了一半時，他的膝蓋出了問題，得關店去開刀，出院後，體力不如從前，還認真的問我想不想輟學當他的學徒，到現在我還在後悔沒答應他的邀請。

除了市場的攤販，我也認識了從小在法國長大、在市場旁開韓國烤肉店的張姓中國人家庭。因為很少有說中文的機會，所以他們總是對我的拜訪興奮不已，和我閒話家常。我常常和 Alex 在懶得煮飯的日子裡來這解饞，我們每點一份餐，他們總會熱情的送上三、四份免費的附餐。有朋友來拜訪我的時候，也總是帶他們來這吃，每個吃過的人都讚不絕口。他們也像滾雪球般不斷帶來更多客源，讓原本是社區小餐廳的他們開心得不得了。

有一次，我們約了近二十個朋友來到這裡聚餐，心情大好的張家人決定請每個人喝一杯餐前酒。只見他們認真的將酒一杯杯遞給大家，但奇怪的是在遞酒之前，他們還特別問每個人喜歡的是男生還是女生。正當大家覺得莫名其妙的時候，有一個朋友按捺不住把酒杯拿起來想要乾杯，沒想到他忽然「噗哧」一聲，激動的把酒噴了出來。還被嗆得說不出話，他用手指往酒杯裡頭拚命指著，大夥於是忙不迭的往各自的酒杯裡瞧，然後互看一眼，全場哄然大笑。原來，這些小酒杯可是有玄機的——沒裝酒的時候，看起來非常正常，但是一裝了酒，因為底部藏了個凸透鏡，折射的角度一變，便顯出一個性感的裸男或是裸女圖。真服了這完全法國化的張家人，還記得細心問大家的性向，他們的誠意，

敞開心胸，與當地人做朋友，他們會是你旅途中最好的老師。

我們可是完完全全的收到了。

在十六區住的那兩個月，這群可愛的法國人成了我最好的老師。

世界很危險，不要說我是美國人！

兩個月後，我在 Ayn 那裡的實習結束了，而我在巴黎高等政治學院（Sciences Po）的交換即將開始。因為十六區實在離學校太遠，而我也幸運的再次申請到普林斯頓的補助、找到朋友在熱鬧的第五區願意便宜租給我的小公寓，所以我便款款行李，搬到了「17 Rue Pascal」（帕斯卡路十七號）。

風塵僕僕的拉著行李來到公寓門前，我還沒有公寓鑰匙，但我知道新的室友 Amanda 已經比我先搬進去了幾天，所以便伸手大力的敲了敲門。在那之前我對 Amanda 的認識不深，她同樣是從普林斯頓來到 Sciences Po 交換的學生，之前和我一起修過一學期的法文課。印象中，她有一頭深棕色的自然捲髮，個頭不高，有著不過胖但是圓潤的身材，講起話來有濃厚的德州口音，笑起來非常豪爽。那天，我敲了幾次門，終於有個不熟悉的聲音說：「是誰？」我回答：「是我，安婷！」

忽然間，門被用力的甩開。站在門口的，是一個單一身軀就完全占滿整個門框的中年女人。看著她同樣的捲髮也聽到她的口音，我說：「請問您是 Amanda 的媽媽嗎？」她回答：「對。」我向她微笑，原本以為她總該讓我進門了，沒想到她完全沒有讓開的意思，劈頭開始一連串的指示：「我跟妳說，我是替美國聯邦政府工作的，我們內部都知道，現在美國人在全世界各處都充滿了危機，對，就算在巴黎也是！」她看到我疑惑的表情，補上了最後一句，「以後如果有任何人敲門，除非妳百分之兩百確定是認識的人，不然絕對不可以開門。而且，出門在外，有任何人問起的話，妳要說我們家Amanda是加拿大人，不是美國人，知道嗎？在公共場所，記得不要大聲說英文。如果可以，不要搭任何的大眾交通工具……」

我看見Amanda在她媽媽身後稍稍不好意思的對我揮揮手，說：「好了啦媽，別訓了，讓她進來啦！」我這才得以進入接下來一學期的家。

原本以為Amanda的媽媽是個特別緊張的案例，沒想到接下來的這一個學期，Amanda果真完全沒有搭火車或飛機，必要時搭地鐵也都是戰戰兢兢。而我們身處的巴黎，可說是全世界數一數二的美食之都，但是她永遠都去美國超市買冷凍漢堡解決三餐。早上起來，一定是先從冰箱裡拿出健怡可樂，每天一公升。

當然，拿德州人做全美國人的代表並不公平，但的確是從與她共室，我開始認真的思索美國人和其他人有什麼不同。我記得國中時第一次到美國，著著實實的為美國的一切著迷：美國人的隨興、豪爽、開朗、直接、熱情、單純、開放，無不令我嚮往不已，甚至開始下意識的全盤模仿：我學會聽到任何事情都可以誇張的大笑、學會到哪裡都可以穿帽T加夾腳拖、學會每三句話就可以加一句「Oh my God」或者是「Like」當語助詞、學會跟誰剛認識都可以馬上勾肩搭背變成 Best friends、學會在哪裡講話（不管是教室或是電影院）都可以很大聲的很有理、學會在人群中自在，因為「只要我喜歡，有什麼不可以」。

像我一樣在台灣的孩子，所面對被同化、不可以做自己的壓抑、面對「小孩子，有耳無嘴」的傳統、面對人際關係之間的含蓄與必有的禮貌，會對美國文化有這樣的崇拜和嚮往，一點都不意外。然而，認識任何的文化，就跟認識人一樣，無一完美，都只有一定的蜜月期。在法國，我開始發現美國文化的好與壞，都是一體兩面的：他們的不拘小節，反過來可能是粗魯野蠻；他們的單純，反過來可能是無知；他們的誇張自信，反過來就可能是唯我獨尊……

美式幽默不幽默

我的歐洲朋友有時會調皮的玩起「看誰可以找到最多美國人」的遊戲。其中，最高機率可猜對的族群包括：在羅浮宮穿著過大 T-shirt、短褲和涼鞋，頂著大肚子站在「蒙娜麗莎」前大聲說：「這就是米開朗基羅的傑作！」；在夜店喝到爛醉、披頭散髮、衣不蔽體或馬上黏到女生背後磨蹭的；在餐廳或地鐵站大聲抱怨沒人會說英文，聽不懂法文還反過來罵巴黎人高傲不理人的；在聊天時若你說：

「我是南非人。」會回說：「喔！原來非洲不是一個國家？」或「那你為什麼不是黑人？」……

當然，用單一形象去定義一個文化，會忽視每個文化的多元；的確有細膩的美國人，也的確有粗魯的巴黎人。但是刻板印象之所以存在，時常都是因為其中有一些真實的影子。我確實得說，在巴黎，除了認識法國人之外，我最要好的幾個朋友來自英國、荷蘭、德國、西班牙、丹麥、巴西、阿根廷……大家在聽到我來自台灣時，雖然可能了解不深，但至少都會知道，「喔，你們和中國的關係是不是有些複雜？」而在聊天時，若是聊到彼此的文化背景，都會以謹慎的態度，且問問題居多：「用筷子對你們來說，有什麼特別的意涵嗎？」「我聽說中文有四個聲調……妳可以示範給我聽嗎？」而且，我從來沒有被其中任何一個朋友認為「奇怪」，大家大多都是以接納為第一守則。

反過來說，當我向美國人介紹我來自台灣，通常他們不是一臉茫然，就是誇張的回說：“Oh, I love Thai food!”（喔，我超喜歡吃泰國菜！）甚至會說：「喔，就是中國嘛！」若是談論到我的背景文化，美國人常有個特性，那就是總是以自己或美國為出發點，比方說：「你們到底為什麼要用筷子？像我們用叉子不是方便多了嘛？」「我會說中文喔！Ching-Chong-Ling-Long-Ding-Dong——不錯吧？」如果笑他們，他們常會理直氣壯的回說：「不知道有什麼大不了？你們會背美國的五十州嗎？」而且，只要和美國不一樣的地方都是「奇怪」的，比方說：「什麼？你們的馬桶是用蹲的？太奇怪了吧！」

從某些角度來看，這或許非常合理。許多研究推論說，因為美國二戰後長時間做為世界第一強

來自不同國家的人，若是聊到彼此的文化背景，多以謹慎的態度，以接納為第一守則。

國，所以潛意識裡的「老大心態」讓他們認為沒有認識其他人的需要。不只是在巴黎的朋友後來常會將美國人視為派對拒絕往來戶，後來，我在日內瓦實習時，我的上司還曾經因為被美國實習生的發言多次冒犯而終止會議。其中，幾個令人發噱的案例包括：

1. 旅居美國巴基斯坦裔朋友A：「我真開心今年美國的人口普查把『印度』和『巴基斯坦』分開成兩項，終於啊！」

美國朋友B：「有什麼好分的？你們不是長得差不多嗎？」

2. 日內瓦紐西蘭裔新進實習生C：「你好，我是紐西蘭人。」

日內瓦美國實習生D：「紐西蘭是個國家？可是它不是跟澳洲連在一起？」

3. 旅居巴黎柬埔寨裔友人E：「……所以，我們都不喜歡提到波布（Pol Pot）①。」

美國友人F：「哈哈哈哈，Pol Pot 聽起來好像『英國偶像』裡面得冠軍的那個胖子歌手 Paul Pots 喔！為什麼不喜歡講他？」

4. 美國朋友G：「我看這家日本料理是假的吧！根本不是日本人開的！」

我：「你怎麼知道？」

美國朋友G：「看也知道！你看，這『日文』菜單上面還參有中國文字！哼，別以為我們外國人就這麼好騙！」

當然，這些笑話大多是娛樂一下大家就好，沒什麼惡意。但是，當學期結束，Amanda 想要辦告別派對，卻忽然發現雖然千里迢迢來到巴黎交換，邀請名單上卻都是美國人——我常常想，生在世界第一強國，是幫了她，還是害了她呢？

虛榮瞬間幻滅

真正到達後，我才知道 Sciences Po 在法國可不是亂蓋的。推崇菁英的文化和集中教育，讓幾乎所有法國總統都是從這裡出來的。走在路上，如果「不小心」提到你是 Sciences Po 的學生，就跟在台灣說是台大、在美國說是哈佛的學生一樣，大家都會肅然起敬，而我的虛榮心也總被餵得飽飽的。

不過，虛榮也只不過幾天的時間，就馬上被學校來了下馬威。本來以為短暫逃離普林斯頓，可以輕鬆一下，沒想到還是逃不出她的魔掌。雖然交換學生大多選擇用英文授課的課程，但是普林斯頓開學前鄭重來信，說明如果不選擇完全用法文授課的課程，學分就不被普大承認。當下，我忽然感到一陣昏眩——兩年之前，我身懷學了十年的英文到達美國，但第一年還只能說是有苦說不盡，更何況是只選修了兩年的法文？生存都有問題了，又該叫我如何跟未來要當法國總統的當地菁英競爭呢？

在 Sciences Po，我們一學期要修兩門主課，三門副課。可想而知，主課課業量和分數比重遠大於副課。而學校引以為傲的傳統，是在主課以所謂的「exposé」（類似「專題報告」）為主要的分數基準。這個 exposé，就是在每星期兩次大堂課之後的辯論課，由助教負責在學期初安排每星期的相關題目，每次安排兩到三個學生負責報告，一學期只報告一次，一次十五分鐘，但占總成績的一半，等於要求學生自己研究吸收後教同儕。用意雖好，但我好不容易把報告的做法聽清楚，還沒回過神，就發現原來助教一宣布完畢，就得開始以快速舉手的方式，「搶」得自己最想要的題目和報告時間。當我還在吃力的研讀題目表時，題目早就被搶光了。也因此，兩門主課我都只剩沒有人想選的選項：也就是在開學隔週第一批上台的幸運兒。

當我還沉浸在驚嚇的呆滯中時，負責「中

東概述」課的助教忽然當著全班的面，點我起來。我嚇了一跳，忙不迭聽著指示站起來。

「妳是交換學生吧？妳從哪裡交換來？」他說。

「普林斯頓……」我結巴的回答。

「普林斯頓？」我的助教抬起了一邊的眉毛，「世界名校嘛。那我考考妳，今天上課時教授提到的那個×××，是在西元哪一年的哪一個革命，在中東的哪一國取得決定性領導地位？」

這個問題，光是用英文問我都可能不知道，更何況是我吃力的聽完這一連串法文，看起來一定更是困惑得快昏厥了。

「我……我不知道……」我終於回答。

「不知道？」助教冷笑了兩聲，「那我問妳，現在有哪一個著名的中東學者在你們普林斯頓任職，專門研究基督教和伊斯蘭教在中東的互動？」

「不知道……」

我不知道哪裡惹到了這位助教，站著彷彿被羞辱似的連續問了好幾個不知道如何回答的問題。

「所以，我們看到，普林斯頓也沒什麼了不起的嘛！」助教終於像打了場勝仗般得意的宣布。其他法國同學也跟著笑了幾聲。「好了，妳可以坐下了！」

坐下的同時，我心中有百般的委屈卻不知道從何宣洩起。過了不久，下課鐘響，我衝出教室，一路跑到地鐵站，進站後等車的同時，眼淚開始不聽話的滑了下來，卻又怕丟臉，我使勁的忍著不哭出聲，但忍得太用力，身體都開始抖起來了，身旁的陌生人還投以好奇的眼光。一轉念，我索性又衝出了地鐵站，決定走路回家。

在巴黎，我始終相信走路不只是種享受，也有療癒的功能。從學校所在、沙特和西蒙波娃等作家最喜歡相交的文藝第五區河畔，開始往我住的帕斯卡路十七號走去，大概是半小時的路程。路上，我會經過巴黎最有名的英文書店「莎士比亞書店」（Shakespeare and Company），會經過龐大的盧森堡公園，會經過夙負盛名的索邦（Sorbonne）大學，會經過壯觀的萬神廟，最後，再經過我個人最愛的一條小路——莫夫塔路（Rue Mouffetard）。這條路上，有著海明威的故居，有著巴黎最大的農夫市集，還有各樣的小酒吧和店家……不管經過哪裡，我最享受的，是感受在這偌大的城市裡，有多少「目中無人」的哲學家在行走著。行人攘攘，但每個人都可以隨時、自然的沉浸在與自己的對話中。對我而言，這是巴黎最迷人的地方，這是所謂的「浪漫」。

名校的氣魄

不管如何，雖然走路緩和了我的情緒，在接下來的一個禮拜裡，我仍然過著高度緊張的生活，沒日沒夜的準備著兩個重要的 exposé。找資料、寫逐字稿、猛K新單字，然後反覆的背誦著講稿，我拿

在巴黎，我始終相信走路不只是種享受，也有療癒的功能。行人攘攘，但每個人都可以隨時沉浸在與自己的對話中。這是巴黎最迷人的地方。

出考聯考的決心準備著，但還是沒有辦法擺脫那種被羞辱的惡夢。

「中東概述」下一次辯論課馬上就到了。早上八點的課，我在凌晨拖著疲憊的身軀來到學校。在我上台前，另一個報告的同學是班上最有自信的一位資優女生，她可是自願第一個上台的。口若懸河、神采飛揚的她，毫無困難的將十五分鐘報告淋漓盡致的講完。她風光下台後，助教轉向我，說：「Mademoiselle Liu（劉小姐），換妳上台了，但請妳講十分鐘就好，我們今天快沒有時間了。」

原本準備十五分鐘講稿的我，不僅排在最聰明的同學後面報告，還要臨時講得更快，緊張更上一層。沒有辦法，也只能咬緊牙根，深吸一口氣，走上台，快速的做了個無聲的禱告後，開口將我所準備的內容從頭講到尾。彷彿「永遠」之後，我發現我終於將結論說完了，也發現四肢好像才慢慢的恢復知覺。

我仍然站在台上，但班上一片寂靜。我尷尬的左右觀望，看見助教忽然對我微笑，我沒想過他的微笑竟然比訓話更讓我有快心臟病發的作用。他用手指示我可以往座位走回去。我走到一半，他忽然喃喃自語的說：「好，真的很好，而且時間也掌控在完美的十分鐘……」我以為聽錯了，但還是趕緊回說：「謝謝助教。」

這時，他走到台前，在全班面前問我：「劉同學，妳學法文多久了？」「兩……兩年。」我回答。助教定格了一下，全班也倒抽了一口氣。三秒後，助教一句話也沒說，就把雙手舉起來，開始給我鼓掌，而全班也馬上跟進。我愣住了，真的愣住了。然後，助教請我站起來，說：「我們今天看到了真正世界名校的氣魄。」

是感恩，還是感動，抑或是感慨，已經分不清楚。我只知道那天下課，我又再度淚灑地鐵站。巴黎似乎是個特別令人愛哭的城市。

法國奶奶教我的三堂課

「中東概述」的報告結束後，我還有「移民政治理論」的報告得煩惱。報告前的那堂大堂課，教授在台上滔滔不絕，我在台下百般努力的想要將她所說打成筆記，但是邊聽、邊想，還要邊記得文法規則和單字拼法，才上課十分鐘我就覺得筋疲力竭，很想放棄。這時，我旁邊的法國同學忽然靠過來小小聲的在我耳邊說：「吔，我跟妳說，妳筆記裡那個動詞的時式錯了喔。」我無助的回看她一眼。這是個頂著一頭俏麗短髮，眼睛水汪汪卻穿著帥勁十足皮衣的女生。她微微笑了一笑，又說：「別擔心，我的筆記下課再借給妳！」

下課後，我轉頭過去跟她說謝謝。她自我介紹說她叫做 Alice，而且告訴我，她很心疼我因為是新來的，不會搶，被指定要第一個報告。「我在想，妳不在意的話，下禮拜妳報告前，我們約在旁邊的小公園，我先幫妳聽幾次吧！」

這「聽幾次」，即使在我報告順利通過後，還繼續成了我們每個禮拜的小傳統。上課前，我們會相約在這小公園裡，吃著學校餐廳裡最便宜，但是卻很美味的法國麵包夾火腿和起司。Alice的個性真的就和她的外表一樣甜美，明明知道我的法文還不太好，溝通其實很沒效率，但她會堅持用法文跟我從讀書的心得，分享到彼此的愛情史。「其實，是我英文不太好啦！」她總會說，縱然我知道她是真心的希望幫我快速上軌道。

十一月底的秋假愈來愈接近，Alice得知我沒有特別計畫，所以邀我跟她一起回她奶奶在法國南部海邊的家。原本五小時的火車車程，因為中途遇到罷工，拖了快十二個小時才到達「法國的加州」的

比亞里茲（Biarritz）小鎮。這小鎮，就在法國與西班牙邊界，一面臨大西洋，另一面則連著庇里牛斯山。Alice 的奶奶是第一個讓我見識到巴黎浪漫的表象之外，最真實面貌的法國人。

第一堂關於法國人的課，就是被他們戲稱為國民運動的「抱怨」：奶奶抱怨的功力，從我們下火車抱怨時間耽誤、最近物價上漲、買東西不便，到國家勞工政策、資本主義、社會主義、個人主義、共產主義……從車站到家裡的路上，沒有一刻鐘閒過，每個主題都無痕接軌，讓我自嘆弗如。而且，「政治」對他們而言不是選舉前才談論的議題，是時時刻刻的生活重心，所以家中的電視除了睡覺時間外，永遠開在政論節目台，整天發送，而奶奶就持續擦亮她抱怨的功力。

第二堂課，是他們對多元種族的不習慣。傳統以來，法國——相較於英國或美國——是一個種族同質性很高的國家，所以過去這幾十年愈來愈多非法蘭克族的移民進入法國之後，心態很難轉變，尤其是老一輩的法國人。倒也不是種族歧視，但是對奶奶來說，一個黃皮膚的人會說法文，尤其在鄉下，是件無法理解的事。所以，即使 Alice 從第一天就跟她說：「這是安婷，她聽得懂法文喔！」她仍然習慣叫 Alice 傳話。比方說，當我們坐在同一個餐桌前，她會轉頭跟 Alice 說：「妳問問安婷要不要胡椒粉」「妳問問安婷這樣吃夠不夠」「安婷都沒有吃青椒，是不是不好吃？」即使 Alice 不厭其煩的跟她說我每個字都聽得懂。

關於法國人的第三堂課，是相較於美國人與亞洲人，他們在「性」這個議題上的開放程度，尤其是像奶奶經歷過六〇年代的這一代。會學到這堂課，是我們在比亞里茲的最後一個晚上，吃完晚餐，我先回臥室收行李，隱約可以聽見 Alice 仍在餐廳裡和奶奶聊天。過了一會兒，Alice 回到臥室裡，臉上掛著一個複雜的表情，我趕緊問：「誒，妳還好嗎？發生什麼事了？」Alice 嘆了一口氣，跟我模擬她剛剛跟奶奶的對話。

奶奶：「Alice，妳現在有沒有男朋友？」

Alice：「奶奶，我剛剛和我的前男友分手。」

奶奶：「這樣啊。Alice，妳知道妳奶奶到現在都有交男朋友喔。妳可知道為什麼（眨眼）？」

Alice：「不……不知道……」

奶奶：「因為我還有『想要』②的東西啊（又眨眼）。我跟妳說，我現在的男朋友超棒的。」

Alice：「真的嗎？怎麼棒法？」

奶奶：「因為我們之間……有很多『刺激』③。我跟妳說，妳爺爺以前可都沒有給過我『刺激』呢……」

這種話題跟孫女分享，真的也難怪 Alice 心中五味雜陳、百般無奈了。

順便一提，Alice 後來去印度交換了一年，現在搬到緬甸仰光，是第一批進駐緬甸的外國律師之一。到現在，她還是會三不五時的寄堅持用法文寫的長信給我，其中總會開玩笑的說「勿忘Biarritz……」真想笑她，想忘也不是那麼簡單的事情。

高階法語與上流社會

學法文和後來到法國，最在我意料之外的一個「副作用」，是對於「階級」的強烈感受。

在普林斯頓，雖然從前是個貴族學校，到現在還是有許多「達官顯要」的子女就讀，但是因為現在有許多獎學金的資助，也因為社交族群的自然分配，比較少去意識到所謂貴族與否的差異。

但是，就像我之前說過的，法文是個西方傳統中「上流社會」必學的語言，所以大部分「富二代」從小就讀貴族學校的過程中，就會以法文做為主要的第二外語。剛開始，我只是觀察到，法文修得愈高階，身旁同學的穿著好像就愈時尚。到了真正抵達法國，和我同行的普林斯頓同學，包括印度駐美大使的兒子、葡萄牙富商繼承人、埃及貴族後裔、紐約名醫的兒子……忽然間，我好像找不到和我一樣「平凡」的人。也因為如此，我第一次窺見了對這些同學來說「理所當然」的社交生活。

某個星期六午後，我和同學受邀來到俯視盧森堡公園的一間高級公寓。這是普林斯頓巴黎校友會會長的家。踏進公寓裡，古董裝潢與家具若無其事的環繞我們。管家將皮包和外套都放在專屬的房間裡，我們各自拿出了學校特別為去巴黎的同學印製的官方名片。走進客廳，鋪著潔白桌巾的長木桌上擺著陳年老酒、頂級香檳、各式起司和新鮮水果。來賓人手

一支水晶杯愉悅的交談著，也互相交換名片。現場，有平台式鋼琴和名家在背景演奏著。

一會兒之後，主人用銀叉輕輕敲了敲他的水晶杯，請大夥到起居室坐下。坐在天鵝絨扶手椅上的，是一位滿頭銀髮的老先生。看大家都進來了，他便站起來自我介紹，他是法國國會的前議長，年輕時在普林斯頓大學拿到博士學位。老先生拿出了一本詩集，說明他是如何選了首詩，想獻給在場朋友。來賓們專心聽著他吟詩，不時交換點頭和微笑。至於我，從頭到尾滿頭腦就在叮嚀自己絕對不能打破水晶杯，不然我可賠不起。老先生吟詩時，我也只是假裝心領神會，其實滿心想著能不能回客廳去拿更多好吃的。

夏日的晚上，這群朋友拿著酒瓶，就來到塞納河畔，互敬、整晚談論哲學和人生，也當然會無理的嬉鬧著。他們各自在巴黎都租了我從未想像過真實存在的美麗住所：其中有一個朋友，在蒙馬特區租了一間以純白為設計的公寓，裡頭有全新廚房、完全透明的浴室，和整面可旋轉電視牆；另外一個朋友，在昂貴的第五區 St. Germain 地帶租了一個樓中樓，之前據說是當紅名模的家，完全原木配搭的設計，天花板上還垂吊了一個看似浮在半空中的「仙女床」。

每當側耳聽著這群我從未想過會與我變成朋友的朋友彼此交談，我總會驚訝這幾乎完全不同的世界，竟就存在於身旁。但其實最令我意外的，是原本我假設和我天差地遠的這群「好野人」，在表象之下、相處之後，並沒有我先前假設的那麼不同。他們同樣在思索許多人生、世界的問題，同樣在抉擇點上徬徨，同樣需要真心的朋友、喜歡付出與接收關懷，甚至同樣對於自己的身分感到自卑或不

認識愈深，反向的「階級歧視」也慢慢被磨去。

安。原來，在我沒發現的狀況下，在認識他們之前，我已經就他們的背景下了定論。這樣反向的「階級歧視」，在巴黎被慢慢的磨去。

荒蕪的巴黎第二十區

相較於所謂的上流社會，巴黎所給我的衝擊是雙向的。因為普林斯頓的規定，我雖然身在國外，仍然必須繳出一篇學期小論文。為此，普林斯頓聘請了一位 Sciences Po 退休的資深教授專門指導我。老教授大約已經七十歲，名叫飛利浦（Philippe），總是慈祥的像老爺爺一樣看著我。

和他上個別課的第一天，教授問我想要研究什麼主題。「教育」，我毫不考慮的說。「教育，是嗎……高等教育？還是更小的孩子？」他問。「小孩子。」我再次毫無懷疑的回答。「好……好……」老教授說著，拿起張便利貼，翻了翻他的電話簿，抄了一個電話給我。「這是巴黎第二十區區公所負責教育的女士的電話。妳找時間去問問她可不可以讓妳進學校研究吧！這都是要特別申請的。加油啊！」老教授開心的說，遞給我那張便利貼。

下課後，我盯著那張便利貼發呆了很久。老天，要我報告就已經夠折磨了，還要我用法文跟以不友善出名的法國基層政府打交道？坐在電話前，我和自己模擬對話好幾次，終於鼓起勇氣打去區公所。教育負責人的祕書很年輕，在我吃力的解釋完緣由後，還算友善的幫我定了個會面的時間。

會面當天，我一大早就把自己挖起床，混沌昏沉的坐著地鐵到最後一站。我知道二十區是巴黎的最邊際，但下車時還是嚇了一大跳。這真的是巴黎嗎？破舊的房子、阿拉伯語的店家招牌、荒蕪的景色。我拿著紙本地圖，在清晨沒什麼人的街道上，摸索到了區公所的地址。昏暗的區公所裡沒有標示教育辦公室在哪，我先向管理員詢問，又問了許多職員，著實發現腎上腺素還真的有助於語言能力。好不容易等到了教育負責人女士。費盡心力的朗誦出我事先背好的自我介紹和研究目的說明，她回說：「好吧，研究批准。」正當我想歡呼的時候，她又加一句：「那，等到明年二月就可以給妳許可證了。」

二月？當時可是十月！死纏爛打之下，這位女士終於不情願的答應我隔週就可以進入學校研究。

從那天之後，我一週三天會回到第二十區的小學裡做觀察和訪談。這裡被其他的巴黎人視為貧民窟，中產階級以上的居民都已搬離，剩下的大多是中東地區的移民，絕大多數為低收入戶。大部分的孩子雖在巴黎生長，卻從來沒看過巴黎鐵塔。

不過，最有趣的是從法國大革命以來中央政府的政策哲學。法國為第一個將「平等」概念寫入憲法的國家，其原始的美意為「任何公民，不論條件，都是平等的法國人」。然而，演變到今天，面對愈來愈多的種族多元現象，教育政策上卻僵化到沒有辦法變通，反而因為必須「平等」，而強行抹滅孩子們可能擁有的異文化背景，要求每個孩子都必須成為所謂的「法國人」。在政府或在學校的正式文件中，提到「種族」是違憲的嚴重行為。所以，孩子們的課本中，也只能有單一論述。比方說，學「十字軍東征」時，課本裡寫著「我們的祖先，為著理想長征，打敗了叛變的異教徒……」。但是，許多孩子的祖先就是課本裡所謂的「叛變的異教徒」。因此這些孩子該如何將學校學到的知識和自己的生活背景結合，是個非常大的困境。

然而對我而言，最有趣的是即使架構如此僵化，研究結果卻發現，每個學校中的校長和老師的態度，對孩子學習的影響卻是非常顯而易見的。我研究的四所小學中，在彼此方圓一公里之內，學生組成幾乎完全相同，師資架構、學校大小等也無差異，但是其中兩位校長很重視在課本之外，是否能外聘老師幫助孩子們學習母語，也邀請孩子與家長分享他們的故事；另外兩位，完全依照中央政策，沒有任何改變的意願或動機。這兩組學校的差異是驚人的：在前者的學校裡，孩子們很有秩序、很喜歡上學，而且法文不是母語的孩子的法文學習狀況也無落後情形；相反的，在後者的學校，孩子們上課都無法守秩序，而且普遍討厭上學，和家長的關係也很疏離，移民學生的法文程度也大多落後。

從盧森堡公園的豪華公寓出來，和從第二十區的「貧民窟」回家，都是不斷在感受走進另一個世界的抽離與回歸。

和上帝賭氣

那年夏天，第一次來到巴黎的前一天，我的初戀情人毫無預警的與我分手。更慘的是，他是我法文課的同學，早在幾個月前就已經相約一起來巴黎實習，也邀了幾個共同的朋友。雖然他只待了暑假，沒有留下來交換整個學期，但是我的心情很糾結、完全無法平復。巴黎，或許真的是全世界最不該在分手後去的城市。

因為這個打擊，再加上離家兩年所累積的一些挫折和困惑，也因為法國是個極度「世俗」的國家④，雖然我十二歲就受洗為基督徒，在飛往巴黎的當下，我覺得累了、全然心碎了，所以我決定和上帝賭氣。「上帝，如果祢真的是如祢所說愛我的神，那我就算不理祢，祢也會先來找我。所以，我就不理祢，看會發生什麼事！」

在巴黎的半年，其實我默默的在心裡希望某種奇蹟會發生，像是閃電忽然在天上寫出上帝對我的旨意，或是忽然有個老人會在地鐵站給我一卷智慧的話語之類的。但是，隨著時間過去，什麼驚天動地的事情也沒發生。每一天過去，我就更氣上帝一些，更多抱怨祂一些。

也於是乎，我決定盡我所能的放空、去放掉所有我之前對生命的假設。因為放開了，我沒有放縱自己「變壞」，卻推自己去交了平常不會交的朋友，去了平常不敢去的一些地方，幾個月下來，我發現不知不覺間走出了我的安全領域。

記得 Alice 生日那天，我在她巴黎市郊的家裡，和她的一群高中同學用手撬開活的新鮮生蠔，學做道地的可麗餅，徹夜在車庫裡彈電吉他唱歌跳舞。

我自己生日那天，我邀請朋友到海明威的故居改成的餐廳一起吃飯。飯後，我的那夥狐群狗黨帶我到巴黎出名的「仕女酒吧」，所有侍者皆是嚴選的肌肉猛男，天使臉孔。天花板上掛滿了胸罩，因為這歷史悠久的酒吧規定顧客離開前必須「放下一切束縛」。其中，最受歡迎的猛男侍者在被我的朋友們「買通」後，忽然把我完全抱離地面，在空中三百六十度的旋轉，放下後還附送大腿舞數支，整個酒吧幫我一起拍手、慶生。

我記得我一個人背起背包，跳上火車就來到了威尼斯，挑戰自己不帶地圖，在冬日的水都執意流浪一天。認識了一個旅居倫敦、返鄉探親的威尼斯人，帶我深度認識他的故鄉。在送我回家的路上，甚至決定瘋狂的去最浪漫的橋上接吻，以紀念這天。

我記得我從威尼斯來到了佛羅倫斯，在極度疲倦時和咖啡廳的侍者聊了起來。我們年紀相仿，下班後，他帶我到他們家經營的酒吧，雖然當天沒開，但是特別為我開燈。我們在空無一人的吧檯旁恣意的調出我們想喝的飲料，坐在沙發上天南地北的聊生命。他告訴我他們家以前是個殺手（mafia）家族，但是現在改邪歸正了。忽然間我發現錯過了回民宿的末班公車，他揮手叫我不要擔心，帶著我走了五分鐘，來到他的重型機車旁。穿上皮衣，帶上安全帽，他帶我兜了佛羅倫斯一圈，回到我的民宿，紳士般的在我臉頰上親了一下，在餐巾上留下他的名字和電話，就轉頭往黑夜騎回去。

掏空之後，重新尋回自我

回美國前，我買了跌破人眼鏡的極廉價機票到巴塞隆納，執意要在海灘上尋找傳說中一間最會做Mojito的酒吧，卻找不到。我索性到不遠處的小店裡，老闆請我喝我這輩子喝過最好喝的冷凍葡萄調酒。身旁，是個看起來有點滑稽的中年男子和他的狗。一問之下，才知道他是多年前移民到這裡的阿根廷人，而好巧不巧，正是我所尋尋覓覓的酒吧的老闆。「今天沒開，因為我們在市中心有間新店開幕，只邀請ＶＩＰ，妳也來吧！」他開朗的邀請我。我和他坐計程車來到了這新的小酒吧，有著南義風格的現場吉他演奏，數不清種類的火腿、起司和葡萄酒，整夜他豪爽的請我無限吃喝。接下來在巴塞隆納的五天，我每天都去他海邊的酒吧，喝免費的調酒，吃免費的 tapas（西班牙小菜），聽免費的海，看免費的夕陽。原本，我覺得這為我放空的半年下了個完美的句點。我覺得，人生就是要無止境的放空，就如同這位酒吧老闆一樣。放空、交朋友、喝酒、看海，多麼美好的人生！

離開巴塞隆納前，我最後一次來到酒吧和他說再見。那時還是下午，所以酒吧還沒正式開始營業。遠遠的，我看見這老兄坐在海堤旁，背對著我。我從他身後叫了好幾次名字，他始終沒反應。終於，我走到了他身旁，搖了搖他說：「誒，我得走了喔！」他轉頭，用深邃的眼睛看著我。當時，我覺得我的心好像忽然被開了個洞。我從來沒有看過如此一雙空洞的眼睛。全然的空、冷、無力。不管我說什麼，他就只是這樣空洞的看著我。

驀然的我發現，放空縱然讓我找到了很不一樣的自己，卻一點都不能幫助我找到生命的意義。在巴黎和歐洲各地，雖然拋棄原來對自己生命的成見，卻也發現我失去了我所相信的任何核心信念。

掏空自己，重新找尋自己，或許是多數人該嘗試看看的一個過程，但縱容自己無止境的放空，陶醉於未知海洋中的不切實際，終究會如同溫水煮青蛙，緩慢卻真實的讓自己深陷危險——失去方向、失去目標、失去根基、失去動力。就如同我一位將自己放逐到非洲、中南美洲、歐洲流浪的朋友，回來後說：「我以為，流浪會帶給我心中問題的答案，沒想到我最大的收穫，是更多的問題。」

在這半年多的放空旅程中，我發現，在未知中要生存，必須抓住「已知」的是什麼。而我的信仰，透過這個反向的操練，反而越發真實、核心。雖然那幾個月我每天埋怨：神不見了，神不在乎

> 縱容自己無止境的放空，陶醉於未知海洋中的不切實際，終究會如同溫水煮青蛙，緩慢卻真實的讓自己深陷危險。

我，神只是個概念。但回頭看，有趣的是，我反而因埋怨而每天都在思想神、與神摔跤，而更親近認識我所相信、所愛的神。我發現真正偉大的愛，是即使當對方還是敵人，仍然無條件的等候，甚至為對方犧牲自己。因此，現在當我面對更多的未知，我所抓住的是這「已知」，不會因任何環境、任何人改變的價值：我是被愛的，而且我的受造有獨一無二的價值。我不能允許這不變的核心信念被撼動，而會有這樣的決心和力量，來自於那在歐洲流浪、接近完全迷失的半年。我知道我若不抓住亙久不變的真理，就只有沉下去的選項。

若要用一句話總結我的體悟：「你們要保守你們的心，勝過一切，因為一生的果效，由心發出。」

---

① 赤棉獨裁者，在位期間被處死或餓死的人口占柬埔寨總人口的四分之一。
② 奶奶用的字是相當於英文的「desire」，一語雙關，指「想要」也指「慾望」。
③ 奶奶用的字是相當於英文的「climax」，再度雙關，指「刺激」也指「高潮」。
④ 法國大革命後，法國憲法裡有個聞名世界的新創詞彙，叫做「laïcité」，專門用來指政教分離的概念。

5

海地：一無所有中的富足

原本，我以為學法文只不過是自私的為了讓我有去巴黎交換的機會。在那個時刻，我深刻意識到語言的意義遠大於旅行。雖然學法文的過程有些辛苦，但比起它所為我打開的一扇扇心門，這個回饋真的是無價的。

從巴黎結束交換、飛回美國之前，我收到一封團契轉寄自一個名叫 Foundation for Peace 的非營利機構的信。「加入我們去海地的團隊！」主旨上寫著。

收到信的當時，其實是半夜、一個疲倦不堪的一天的尾聲。但不知道為什麼，這封來自於這個我從未聽過的組織的信，我的心好像跳針一樣，少跳了一下。自從離開迦納之後，我遊走在世界最富有的角落，吃盡了美食，看盡了美景，但總是看著新聞看著其他地方正在經歷的辛苦：日本大海嘯、巴基斯坦大水災、俄羅斯的森林大火。而海地，這個西半球最窮的國家，因著強度七級以上的大地震雪上加霜造成的傷痛，更讓我心中糾結。

在美麗的歐洲徜徉或許沒有錯，但是我卻愈來愈強烈的意識到這個泡沫的不真實，與這個世界上絕大多數人的狀況相比，我的快樂越發諷刺。但是，若這麼說，我的快樂又該是什麼呢？若是舒服的生活不直接帶給我快樂，難不成是在難民營裡的生活嗎？到底，是我打抱不平，還是我身在福中不知福？

不管如何，我決心讓自己跳出泡沫，不能再袖手旁觀。於是，拖著疲累的身軀，我堅持寫完申請去海地的表格，才不支倒在床上，睡得不省人事。一個禮拜之後，我收到了錄取信：一整隊十五個人，組成從大學生到中學老師，從亞洲人、美國人到海地裔的美國人，在春假兩個禮拜期間前往海地服務。

一開始，我其實對我們能做的事情抱持著很深的存疑態度。我們大部分的人在錄取時，對海地的了解都很有限，也不會講當地語言，而且我們只能待兩個星期。他們真的需要我們嗎？我們真的能做什麼嗎？

看見真正的需要

從資料上我知道，那場二〇一〇年的大地震，奪走了約九二一死亡人數一百倍的生命。我們要去的時候，其實離地震已經有一年，但是海地仍然窮到連總統府都還沒辦法修，而且全國還有上百萬的人口住在難民營裡。在這麼令人絕望的狀況下，大量的外國志工湧入海地，但對當地的無知、身體的不適應、資源分配的不公等問題，讓許多國際觀察者（包括去海地之前的我自己）有非常強烈的批判。

不過，在出發前每週必須出席的行前會議中，我漸漸的發現 Foundation for Peace 是一個很會自我省思的組織；這些質疑，他們都知道。而在自我辯證的過程中，他們早決定由海地當地一位身兼律師、老師及牧師的年輕爸爸 Valentin 做他們的執行長，而百分之八十的員工都是由當地年輕人組成。雖然網路不穩，Valentin 沒有辦法時常透過視訊加入我們的籌備會議，但是每週我們所學習關於海地的背景，以及我們在當地會做的事，都是由他親自規劃的。

Valentin 對於外國志工的看法相當有趣：他認為，海地的確有非常、非常多需要的資源，但是需要什麼、怎麼幫助，必須由當地的角度來思考。在他心中，外國志工最能帶來海地的，不只是物資（「光是聯合國就已經帶了一架架飛機的錢進來！」）、不是勞力（「要蓋房子，我們這裡的青年比你們有力氣多了！」）、甚至不是教育（「孩子終究必須向他們自己國家的典範學習，而不是一味的想成為外國人！」）。但是他之所以仍然希望帶領外國志工進入他的小鎮，是因為，當我們與當地居民「一同」建造新學校的校舍、「一同」在帳篷中帶孩子們學英文，學唱歌、「一同」在足球場上廝殺、「一同」騎著驢子來到深山中，分發牙膏、牙刷、

肥皂到沒有衛生資源的家庭、「一同」在沒有屋頂的教堂中唱著詩歌，牽手禱告……我們在建立的，是真實的「關係」。這樣的關係，不是其中一方給予、另一方接受，而是雙向的。對 Valentin 來說，他看見這些關係，拓展雙方的視野、帶給彼此相互在乎的希望，更提升了兩方在生命遇見挑戰時走下去的力量。

兩個月的準備期後，我降落在首都王子港，再坐三小時的車來到名叫 Fonds Parisien 的小鎮。一路上，我看著資料上讀到的災情在我眼前赤裸呈現：滿山遍谷的帳篷，帳篷中因著雨季而完全泥濘的地板，全家人、包括剛出生的孩子，就生活在裡面，吃喝拉撒一切都必須在這狹小的空間想辦法解決；完全還未修復的政府建築，像是鬼城；山腳下因為沒有錢埋葬親人，所以將十幾萬個屍體丟在一個偌大的坑中，一同埋葬。有人用木頭做了個比我的身高高上五、六倍的十字架，擱在旁邊的小山坡上，上面寫滿了人們對親友的思念、綁滿了代

表祝福的彩帶。司機先生將車子暫停在旁邊，讓我和同行的夥伴下車致敬。我坐在這十字架旁，俯視下方的集體墳墓，眼界所及只看見無止境的直立、白色十字架。我的心情從未如此沉重過。

或許，唯一新奇的地方，在於海地是除了梵蒂岡之外，我唯一去過的中華民國邦交國。難民營的許許多多帳篷上，都印著中華民國國旗。我所在的小鎮裡，從醫院到鎮公所都是台灣政府幫忙蓋的，因此上面都掛著兩面國旗：海地與台灣的。通常，在我旅行的經驗中，介紹自己是來自台灣，大家都會有許多問號，唯有在海地，當我一介紹自己是台灣人，每一個人都好像看見大明星一樣，興奮的握我的手，告訴我，我們幫他們鋪了路、蓋了橋，他們好喜歡台灣人。在那些時刻，心中還是升起一絲與有榮焉的驕傲。

傾聽與陪伴

我去，是被指派在難民營裡做英文和法文的老師。其實，當親眼看見他們所經歷的一切，我站在他們面前是感覺極為渺小的。所以，除了上課時間之外，我就在一個一個的帳篷之間，聽他們說故事。默默的和他們一同流淚也一同笑。

我的學生們，從幼稚園年紀的孩子到老人都有。大部分的時候，既然學生程度差這麼多，我教什麼並不是重點，反倒是這個「陪伴」者的角色，愈來愈顯得重要。有一次，我教學生們摺紙，原本以為只有孩子們會喜歡，沒想到老人們更喜歡，摺了車子、房子、小鳥，自個兒咯咯笑得好開心。我好喜歡看他們的微笑，因我知道每一抹微笑對他們而言都不簡單。另外一次，我帶了把吉他，帶著學生們學一首英文歌，原本也害怕歌詞有一些困難，不知道學生們是否能吸收、喜歡，沒想到大家愈唱愈忘我，當我們在下課前把歌唱完時，大家開心的自己鼓掌起來。雖然在那之前，我已有幾次當老師的經驗，但反而是在這個克難的小教室中，我看見了別的教室裡愈來愈難看見的學習的單純樂趣。對我的學生來說，他們即使吃不飽，也要想盡辦法來上課，我們說教育該是學生的「精神糧食」，在他們的身上是真實的被

看到。而做為一個老師，最深的喜悅，莫過於看見學生「學會」時眼中閃閃發光的喜悅。在那個小小的空間中，我們什麼都沒有，但老師和學生們是不斷的彼此餵養著。

雖然 Valentin 認為了解在地狀況比真正會說當地語言來得重要，但是相較於我的其他同伴，剛從巴黎回來的我，因為會說法文，不用比手畫腳，能夠直接聽得懂我的學生們、能夠在路上碰到當地居民時閒話家常。這些看似不起眼的互動，竟然成為我所帶走最寶貴的深刻記憶。印象很深刻，有一次，我和 Foundation for Peace 的一位當地職員 Jean（法文的 Jean 等於英文的 John）走在村落裡，挨家挨戶的分送食物。路上，Jean 和我分享他在地震時失去他妹妹的心路歷程。走到一半，Jean 忽然大嘆了一口氣，對我說：「安婷，妳知道，終於能夠和一個外國朋友敞開心聊天的感覺有多麼好。」我驚訝的看著他，他說：「不要誤會我，其他志工都是很棒的人，我們都處得很好，也都會保持聯絡，但是在互動上總有一些距離，常常都是只能笑笑帶過去，很難真正有心與心的接觸。」

他看著我不可置信的臉，認真的再次強調：「真的，真的，妳的法文對我們來說意義很重大。」我默默的點點頭，他停頓了一下，說：「妳懂嗎？在我妹妹走了之後，我的心中有個好大、好大的洞（trou），而我從來還沒有辦法和任何人述說這個心情……」

原本，我以為學法文只不過是自私的為了讓我有去巴黎交換的機會。在那個時刻，我深刻意識到語言的意義遠大於旅行。雖然學法文的過程有些辛苦，但比起它所為我打開的一扇扇心門，這個回饋真的是無價的。

回到美國以後，我在海地的學生、朋友們有時候會想辦法用網路傳訊息給我。有一次，一個學生Jeff告訴我：“je ne cesse pas de parler de toi ici.”（我們從來沒有停止講妳的故事。）我問，為什麼？你明明知道我除了聽故事，什麼也沒做。況且在海地的志工成千上萬，為什麼講我的故事？他說：「只有妳來，是來聽我們講話。不是從上而下告訴我們，我要給你們更好的人生。妳的聆聽告訴我們，妳看得到我們生命的既有價值。」

愛的是禮物，還是禮物給予者？

有天晚上，我在完成一整天的工作後，回到志工所住的地方準備休息。這時，

剛好看見帶領我們的 Valentin（我都稱他「Pasteur」，就是法文的牧師）坐在角落的一個台階上。看見我，他便揮揮手，示意我到他旁邊坐。

我們什麼話也沒有多說，就一起在那裡並肩看星星看了一會兒。終於，我開口問了一個放在我心中很久的問題：「Pasteur，你願意的話，可以跟我分享一下你地震時的故事嗎？」

他微笑看著我，說：「當然好啊。」頓了一下，他開始說：「地震的時候，我是一個老師，在教室裡改作業。當地震愈來愈強烈，我立刻衝出教室，想要趕回家，但是車子已經被壓壞了，也沒有任何其他的交通工具，所以我就用跑的、發了狂似的跑回家。跑了好久，終於到家時，我看見我們的整個

房子都倒了，我的妻子抱著我們的小女兒，跪在大女兒的旁邊哭。我衝上前一看，還好，大女兒還有生命跡象，但是她的整支右腳都被倒下來的支柱壓得血肉模糊。

「當下，海地所有的醫院也都被震倒了，若是想要帶我的女兒就醫，就必須走到與多明尼加共和國邊界。但我的太太和小女兒太虛弱了，絕對沒有辦法撐過這麼遠的路，所以，當時我下了一個對我來說好困難的決定：我冒著可能再也見不到我太太和小女兒的險，背著我的大女兒，邊走邊跑的往多明尼加邊境前進。幾天後，我們終於到達了邊境。好險，那裡有一群剛好在多明尼加旅行的外國醫生，搭了一個室外的臨時醫院，我的女兒雖然需要截肢，但終究是活過來了。

「在我女兒動手術、復原的那幾天，我也沒閒著。那時，所有的病人都是被一個緊接著一個的平放在草地上，沒有什麼消毒或治療的藥物。但最可怕的，不是會傳染的病，而是會傳染的絕望。所以，我每天早上起來，帶著大家一起禱告、唱讚美的詩歌。妳可以想像嗎？一整片的傷者、家屬，掏心掏肺唱著歌，抱在一起又哭、又笑。弔詭的是，竟然在情境最絕望的時候，我們真實的經歷我們的神是這麼的美好，是帶來如此希望的神。」

聽到這裡，我心中完全的被震撼，忍不住問：「美好的神？希望的神？你要怎麼相信一個美好的神會允許這樣的災難降臨在你們身上？」

Valentin 聽了我的問題，笑了，說：「很多時候，我們只愛『禮物』（gift），而不是『禮物的給予者』（gift-giver）。但我們和神的關係，不是只是利益交換的。問問妳自己，妳相信的是神本身，還是只是期待祂會給妳的好處？當妳認識的、愛慕的是神本身，妳就會發現，神的美好是完全不受外在環境掌控的。甚至，在我們最軟弱的時候，我們愈能發現神的剛強。人的終點，是神的起點。」他慎重的抓住我的手，說：「在人看來，我們是最貧窮的；但我知道，在神看來，我們是最富有的。」

Valentin 是對的。真正需要成長的，向來是我這個自以為富有的窮人。

6

日內瓦：舒適圈中的不舒適

非營利機構的工作對別人而言可能是冒險，但對妳而言反而是安全領域。如果妳一直待在這個領域，只會看到愈來愈多的問題，卻沒辦法有新思維、新工具來解決它們。建議妳，挑戰自己暫時離開這個領域，找個完全不一樣的工作。說不定，妳會就此愛上新的領域；也說不定，妳終究會回來非營利領域，但那時的妳，就可以站在一個不一樣的位置和高度來看待這裡的工作。

——在 IBJ 實習最後一天，我的海地主管 Dimitry 給我的建言離開海地後不久，很快的，大學的最後一個暑假便來到了。大部分的同學都積極的尋找可以在畢業之後轉為正職的實習機會。大學前三年，我都專注於對非營利機構的興趣，又希望能有繼續練習法文的機會，所以我便積極的申請在「ＮＧＯ世界首都」──瑞士日內瓦的機會。很幸運的，我得到了一個名叫「International Bridges to Justice」（國際司法橋梁，簡稱ＩＢＪ）的國際組織總部實習的機會。學校同意資助交通與生活費，讓我能無後顧之憂的踏上我的「日內瓦朝聖之旅」。

ＩＢＪ是由一個名叫 Karen Tse 的華裔美國律師於二〇〇二年創立的。在創立這個組織之前，Karen 在九〇年代初期，被聯合國派到剛脫離赤棉勢力、成立民主政府的柬埔寨。她和她在世界人權觀察組織（Human Rights Watch）與國際特赦組織（Amnesty International）的同事每天沒日沒夜的幫被關在監獄中的政治犯們發聲。但有一天，她來到一個柬埔寨當地的監獄，看見一個十二歲的小男孩，因為偷了一輛腳踏車而被無限期關在監獄裡。中間完全沒有調查、沒有律師辯護，唯一的「證據」，是他在被警察拷打後寫的「自白書」。

她忽然意識到，當全世界的人權組織都如此努力為高知名度的政治犯奮鬥，他們只占了監獄中百分之五的人口。剩下的百分之九十五，絕大部分都像這個小男孩一樣，一點都不「重要」，所以在一個腐敗、扭曲的法治系統裡，就完全被犧牲了。而且，這並不只是柬埔寨的狀況──全世界有一百一十三個國家仍然以拷打（torture）做為調查工具。但最諷刺的是，這其中有九十三個國家已經有法律明文規定禁止拷打。因此，ＩＢＪ成立的目的，便是訓練當地的律師網絡，支持他們能夠維護當地法律理當保護的人權。目前，他們已經在三十餘國工作著。IBJ也開始不斷的獲得哈佛、Ashoka 和其他世界領袖的背書。

那年暑假，IBJ總共有十個實習生，來自澳洲、美國、德國、加拿大、荷蘭……除了我之外，全部都是法學院的學生。之所以錄取一個非法律專業、且大學都還沒畢業的實習生，是因為我的工作性質較特別，是在募款部門負責專案，以及做 Karen 的特別助理。

在進入組織之前，我就已經搜尋過 Karen 多次——其實，當年我甚至有機會進入更大的國際組織工作，但是最後選擇IBJ，是因為深深為 Karen 所吸引，認為若能近距離的認識她，該會是多棒的事

情。況且，從網站上看，組織中所有的員工都是哈佛、史丹佛、牛津等學校畢業的優秀人才，我迫不及待的想要來一個「世界級」的非營利機構學習。

坐落在紅燈區的辦公室

一抵達日內瓦，最令我驚訝的是，從車站到大部分的市中心，都是相當舊、類似工業區建築的大樓，和我所認識的歐洲城市相差很大。把行李放在市郊的青年旅舍後（因為遠距離很難找到中長期租屋，所以抵達後我先短暫的住在青年旅舍，再利用工作的前兩週找公寓），也因為還不了解日內瓦的電車系統，所以我便尋著地圖走了半個多小時，來到ＩＢＪ的辦公室。愈接近辦公室，才慢慢的從街上的人和商店，意識到它是位於日內瓦的紅燈區。雖然日內瓦的紅燈區算是相當溫和的，走到辦公室的大樓時還是稍微遲疑了一下。既然地址是對的，我便硬著頭皮爬上樓。首先，經過的是海地駐日內瓦辦事處（此時，心中小小的鬆了一口氣，至少有個外交機構在這裡），然後才到達位於三樓的ＩＢＪ辦公室。

看起來，這是一棟由住宅改成辦公室的大樓，所以辦公室的大門很小，沒什麼招牌，而且是完全關上的。我猶豫了一下，終究還是敲了一下門。沒有人回應，我又敲了幾聲，依然沒人回應。到底是怎麼回事呢？正在緊張的時候，忽然門被打開了，有個看起來三十歲左右的男生走出來，差點和我撞在一起。「咦？請問妳有什麼事嗎？」他困惑的問我。「嗯，我是ＩＢＪ的新實習生，明天會正式開始上班，但是想說先來和大家打聲招呼……」我回答。「喔！是這樣啊！我們的門沒有鎖，只是有點老了，用力一點推就可以了！」他說。

說著，他便帶著我進去辦公室。辦公室不大，大概不到三、四十坪，所以不論職位，大家都是在幾張大長桌上工作。大家都抬起頭來跟我打招呼——剛剛帶我進來的是負責非洲事務的 James，來自美國。其他還有負責財務的 Nick，來自英國、負責亞洲事務的 Sanjee，來自斯里蘭卡……最後，負責募款的 Dimitry，來自海地。

「喔！您就是負責募款的主管，您好，我是這個暑假在您的部門的實習生！」我對 Dimitry 說。

「咦？我有實習生？我怎麼都不知道？不過有也是很好啦，我快忙翻了，歡迎妳啊！」他說。

無懈可擊的個人魅力

那天 Karen 不在，不過我很快就發現，這個如此隨興的組織文化，和來自加州的 Karen 有很大的關係。Karen 自己沒有固定進辦公室的時間，就算來了，也時常是穿著運動型上衣和慢跑短褲，滿身大汗的跑進來，萬分興奮的叫大家放下手中的工作，來聽聽她剛剛路上發生的一件有趣的事。此外，Karen 的另外一個身分是一貫道的牧師，因此辦公室裡放著她所蒐集、來自各地的佛像、神像、德雷莎修女圖……。每週一的例會開場時，其中一個員工必須選讀任何一個宗教領袖的某一句話，結束時，Karen 會慎重的敲一個印度來的金盅數下，並要大家默想一分鐘。某次，一位來自德國的實習生 Mimi，她是虔誠的基督徒，正好說到最近壓力有些大，Karen 一聽便興奮無比的說，下週她有一個「心靈導師」，一般都要收高鐘點費的，但下次她可以免費幫她紓壓。Mimi 想說，好吧，老闆都這麼熱心的提議了。沒想到，當這個心靈導師來到辦公室，Karen 邀請 Mimi 進到她的辦公室，他們三人便手牽著手，圍一個圓圈坐在地上，一邊哼唱著她沒聽過的經文旋律，一邊做著類似瑜伽的各樣姿勢。雖然沒有任何侵犯 Mimi 的事情，但在上班時間做這樣的事情還是讓她覺得不太能適應。

其實，Karen 的組織之所以能那麼成功，絕大部分原因來自於她的個人魅力。在替她實習的那年暑假，我的工作之一便是幫她準備在全球ＴＥＤ會議（TEDGlobal）的演講——那是一個極難登上的舞台，能夠受邀真的是一大肯定。Karen 那年在ＴＥＤ的演講被選為當年全球最精采的ＴＥＤ演講第二名。當她旅行到每個ＩＢＪ所服務的地區，她對於所處理議題的了解程度，以及與當地人在短時間內建立的信任，都是讓人自嘆弗如的。

然而，跟著她工作的那三個月，也讓我意識到，一個完全魅力型的領導人，當組織的架構大大小小都是由她的個人精神所支持時，在平時可能只是在效率上沒有辦法進步，嚴重時卻可能對組織的發展造成威脅。

Karen 對於人的熱情，讓每一個員工都好似可以和她成為交心、擁抱擊掌的好朋友。大家都穿著輕鬆的服裝（甚至夾腳拖）上班，沒有上下班時間。一開始，我好喜歡這樣的氣氛——好像馬上就融入了一個溫暖的大家庭。但慢慢的就發現，組織的每個事務都呈現零散狀，被隨機想到的人做處理。我的主管在我來之前，根本不知道他會有個實習生，更別提有幫我的位置做什麼規畫。所以，他側頭想了一下，說：「不然，妳就上網查查可以募款的幾個網站吧。」或是：「誒，我今天發現我們的資料庫有這一疊相關基金會的名字，不然妳就一間間打電話去問，看看他們對我們的工作有沒有興趣贊助。」很多時候，因為大家是個「大家庭」，所以分工就不太清楚。比方說，負責非洲事務的 James 會說：「Hey！妳最近不會太忙吧？我臨時有這篇文章要寫，妳幫我起草一下好嗎？」「喔，好吧，但是你什麼時候需要交？」「嗯……都可以啦，沒差，妳寫好給我就好了！」

至於 Karen，更是一個工作與個人生活幾乎沒什麼區隔的人。不要誤會——很多時候，這代表她比一般的老闆更重視對於我這個「人」的照顧與認識，而不是只在乎我的表現。比方說，我一抵達日內瓦，她便邀請我到她家吃晚餐，和她的兩個兒子玩。有另一個同事剛抵達日內瓦時找不到住處，她馬上讓他住進她家的客房。有幾次，她要去銀行辦事，就要我和她一起去，一邊做她的法文翻譯，一邊和我聊生活、聊八卦、聊旅行，還順便帶我去吃冰淇淋，一去就是一個下午。

不過，一段時間過後，我發現這樣密切的關係反而有它的反效果。比方說，Karen 要出發去中國出差的前兩個禮拜，臨時決定要我教她中文。但因為她希望她的兒子們也能一起學，又因為我們沒有所謂的上下班時間，所以便希望我晚上等她的孩子們下課後，再幫他們上課。如果是企業界的朋友聽到這樣的狀況，他們會相當驚訝的說：「她占用到妳的時間，有給妳加班費嗎？而且，她要妳教她兒子，這不是妳加入時同意的工作內容，妳應該反應啊！」不過，在那樣的組織文化中，這樣的狀況是相當稀鬆平常的。

超好客的瑞士爺爺奶奶

開始上班後，最重要的任務便是找一個長期公寓，因為我在青年旅舍的房間只能待兩個禮拜。日內瓦的住宿是出名的難找、昂貴，預算不多的我，實在不知道從何找起。甚至有不少人建議我跨國境，去法國找公寓比較便宜，每天通車。正在煩惱的時候，忽然收到一個人用法文回覆我在日內瓦大學公布欄上的留言，說他有個公寓，可以出租三個月給我，我們約了當天下班後碰面。

那晚下班後，我坐了電車來到約定的地點，四處張望，不知道怎麼認出這個與我聯絡的人。怎麼看，只有街角有個綁馬尾、戴墨鏡、穿皮夾克、刁了根菸的金髮男子，不像是在等公車。但是怎麼看起來有點像黑道呢？我心中毛毛的，心想趁他還沒發現，趕快開溜吧。

沒想到，在我開溜前，金髮男子注意到我，開始朝我走來，我也只能呆站著看他走近。等他走到我前面，忽然開口用中文說：「請問妳是劉小姐嗎？」當下我心臟好像少跳了一下，結結巴巴的說：「是，是，我是……」他微微一笑，說：「妳好，我是跟妳聯絡的 Philippe（化名），跟我來吧，公寓不遠！」

在震驚中，我緩緩的跟著他走。一路上他有一句沒一句的問我從哪裡來，得知我從台灣來後，他忽然大笑了幾聲。我問他：「怎麼了嗎？」他微笑說：「等下就告訴妳！」雖然他真的很親切，不過我心中可真有點毛骨悚然，口袋裡抓著手機，傳簡訊給同事說，如果過半小時沒我的消息，快來找我。

來到他的大樓樓下，我們走進了歐洲常見的超迷你電梯，來到四樓。他走到角落的公寓門口，敲了敲門，用中文說：「老婆，我們回來了！」

過了幾秒鐘，門打開了，門的另一邊站著一個留著及肩長髮、看起來不到三十歲的亞洲女生。「咦？」她看到我，驚訝的用詢問的眼神看著她老公，只見他得意的咯咯笑了幾聲，說：「劉小姐是個台灣女生！」這時，這個太太露出了大大的笑容說：「啊！我也是台灣人！我才剛嫁來日內瓦！看到同鄉真是太開心了！」

走進他們的公寓，空間不大，硬要說的話該是個套房，有一個浴室和一個不到半坪大的小廚房，但是打掃得很乾淨、布置得很用心，甚至還有來自台灣的燈籠當做燈飾。

「我們因為暑假要回台灣探親，所以才要出租三個月！」太太興奮的告訴我。先生接著說：「我和我太太就是在台灣認識的，我從瑞士去交換學生！」

「妳到日內瓦幾天了啊？」太太親切的問。「啊，才一個禮拜！」我回答。「有沒有機會去走走、看看了啊？」她又問。我搖搖頭，只見他們兩個驚訝的說：「那不行，走走走，我們帶妳去晃晃，順便請妳吃晚餐！」

於是，我們繞了日內瓦一大圈，看見喀爾文的第一間教會、逛了老城區、騎腳踏車繞湖、最後落腳到聯合國附近。晚餐，是隨意買的新鮮麵包夾起司和火腿，我們坐在湖邊聊旅行、聊台灣、聊愛情、聊信仰。我告訴他們，不過幾個小時前，我還以為 Philippe 是個大流氓。他們聽了哈哈大笑，太太接著罵：「早就叫他去剪頭髮、換個墨鏡，他就是不聽！」

「至於我們的公寓，就用我們承租的金額租給妳，中間沒有差價，都是台灣人，應該彼此照應一下。」太太說：「只不過，有個小問題，我們飛往台灣的日期是兩個禮拜後，也就是妳搬離青年旅舍後的一個禮拜，那中間這幾天妳怎麼辦呢？」

我正要開口說沒關係，這公寓可是在市中心，用比市價便宜三分之一的價錢租到，太好了，其他的我可以想辦法，沒想到她先生說：「咦！我爸媽那邊的客房可以給妳住一個禮拜啊！」

「不好吧！這樣不好意思！」我連忙說。

「不不不，妳不了解我公婆，他們一定超級樂意的，他們是典型的瑞士人，超級好客！」太太說。

就這樣，幾天後，我提著大包小包的行李，來到離這對小夫妻的公寓走路不到三分鐘路程的另一棟房子門口。

我按了電鈴，過了兩分鐘，一對滿頭銀髮的老夫婦出現在門口。「喔啦啦！我們等妳好久啦！我們兒子和媳婦跟我們說了好多關於妳的事。進來吧！」他們開懷的用法文說。

走入電梯、來到三樓，我們進入一個法式鄉村風的美麗公寓，滿牆的老唱片和照片，但是角落竟然有一台嶄新的蘋果電腦，老太太順著我的眼光，告訴我：「我們可是兩個老不休呢！我們都有玩臉書！」

又往前走幾步後，老先生帶我走入一間充滿溫暖陽光的房間，裡面有一張美麗的、白色的床，牆壁是舒服的鵝黃色，天花板是天空藍。

「這是妳的房間！」他說。我環顧公寓，發現沒有其他間臥室，急忙問：「這不該是你們的房間嗎？」他笑笑說：「是啊，不過跟妳說一個小祕密，我們其實最喜歡睡客廳的沙發床，這樣可以在床上看電視！」不管我怎麼推辭，他都不願意跟我換房間。

就這樣，老夫婦給了我一副鑰匙，叫我把那當做自己的家，還每天煮三餐給我吃。我彷彿像小公主一樣，被這對原本陌生的老夫婦寵了一個禮拜。

一個禮拜後，小夫妻飛回台灣，我也搬進自己的小空間，有時候還會默默的想念老太太的廚藝，找藉口回去跟他們吃飯呢。

我的工作像推銷員

搬進公寓後，我在日內瓦每天的生活非常的規律。早上八點起床，洗澡，做早餐，九點出門，走路半小時到辦公室。日內瓦是一個很小，但很美麗的城市。上班的路上，我會經過日內瓦最大的猶太會堂，一個個飄香的麵包店，一間間還未開門的鐘錶店，還有日內瓦著名的地標，高達一百四十公尺的「大噴泉」。因為眾多國際組織總部設於此，日內瓦也是一個非常國際的城市。平時工作時，會議室裡總是有各式各樣的語言和人種，常常會讓人忘記日內瓦自己的官方語言是法文。不過，早上上班的路上，乍醒的城市裡，居民在路上彼此打招呼"bonjour!"的聲音、商店裡此起彼落討論、叫賣的聲音，全然是法文，才讓我有機會貼近真實的日內瓦。

在辦公室裡，我和其他的實習生共用同一張長桌辦公。大部分的實習生都是法學生，負責研究各國的法律以及組織能參與的方法；不過，我隸屬於募款部門，每天的工作是研究各式各樣的募款平台、比賽機會、贊助申請機會。除了不斷的寫企畫書、報名贊助計畫，還要整理聯絡名冊，不停的拿起電話，用英文、中文和破法文跟曾經捐款或表明興趣的捐款者抬槓、聯絡感情。

這樣的工作，雖然對組織非常重要（甚至可以說是生命線之一！），但其實本質上很像推銷員，再累都要保持對每個人的熱情、對於「募款商機」的敏銳度（例如配合某節日或使用某新的網路平台），還要針對每個「客戶」研發不同的推銷方式。時常，不到中午我就已經筋疲力竭了，因此午餐時間一到，我總是迫不及待拉著和我要好的幾個同事（來自加州的 Yen 和來自德國的 Mimi），買個樓下的土耳其烤肉捲餅，走到湖邊，再買個冰淇淋，配著世界級的美景享用。在拉丁語系國家工作的一個好處，就是休息時間寬裕，中午吃飯兩、三個小時都不為過，甚至可以去湖裡游個泳再回辦公室。

破產實習生之世界首都

隨著我對日內瓦了解愈來愈多，我發現，原本心目中非營利機構最高境界的日內瓦，其實充斥著非常多亟需突破的問題。當聯合國相關組織及其他資金相對雄厚的非營利組織失去爭取捐款人或機構的危機意識後，效率低迷、官僚制度蔓

與同事Yen

延、專注於表面工夫、內部人事腐敗等現象開始產生。當然，這樣的對比不是說營利機構就一定更好或更有理由不透明。只不過，從前我希望投注在非營利領域的理由，就是以為如果不想要參與黑暗的金錢遊戲、組織的鉤心鬥角，那麼「非營利」該是我「潔身自保」的最佳方法。在日內瓦的那段時間，我學到最重要的一課，便是營利與非營利機構其實沒有我想像的那麼不同：兩者同樣需要有系統的管理、追求效率、組織透明、訂定明確目標與策略，以及重要的，必須對投資者負責。

其中，在當時歐洲的非營利、非政府組織領域爆發的一個嚴重問題，便是「無薪實習」的現象。一般在企業實習，會有法規或業界標準保障實習生的收入。然而，因為相關法規的相對鬆散以及普遍對於「做公益」所給予的差別標準，讓非營利機構時常能夠年復一年的「免費雇用」多名實習生，做甚至比正職該做的工作更多的分量。當時在IBJ認識的一個荷蘭朋友 Wouter，就已經免費替多個國際非營利組織「實習」五年的時間，希望能等到其中一個比較負責任的組織將他轉為正職，但始終等不到機會。Wouter 的故事一點都不是例外，我在歐洲的那個暑假，各大報紙都花大篇幅來探討這個議題，除了實習生本身的權益需要有所保障之外，總體而言，這也造成了非營利領域被出身富裕的實習生所占據，而資源相對缺乏的求職者便完全被拒之於門外。

日內瓦，全世界最多國際非營利機構總部的所在地，這現象很切身的在我們這群數千甚至上萬個無薪實習生的生活中（甚至有許多人戲稱日內瓦為「World capital of the broke interns」，也就是「破產實習生之世界首都」）。尤其在二〇一一年的暑假，瑞士法郎是全世界最昂貴的貨幣之一，所以在日內瓦有個很奇特的現象：所有的實習生都住在離市中心至少半小時距離的偏遠區域，甚至有不少人住在鄰近的法國，每天通勤。下班之後，幾乎沒有任何實習生可以從事的休閒活動，不管是酒吧、餐廳、電影院，都貴得讓我們避之唯恐不及。每天，我唯一吃得起的食物就是白麵包配起司，而我因為有一點學校的補助，至少有時還可以去買些水果、肉類。但大部分的同事還得在假日時坐公車去法國買食物，因為物價和幣值都便宜不少。還好，日內瓦還是有不少免費的音樂會、電影播映會，甚至也有免費的腳踏車可以租借，讓我們這群窮實習生還有些自娛娛人的出口。

跳出舒適圈，挑戰自己

雖然敘述了不少日內瓦與非營利領域的問題，但在那裡的三個月，依然帶給我許多寶貴的經驗與提升不少相關能力，也因為時常需要「彼此取暖」，所以和許多同期實習生的「革命情感」都很深。因為終究非營利領域是我最熟悉的，所以結束實習、即將開始找畢業後的正職工作時，我還是只考慮類似的職缺。實習最後一天，我那個哈佛畢業、來自海地的主管Dimitry，在依組織「送行」慣例帶我出去吃飯時，很直接的問我：「誒，所以妳畢業後想幹嘛？」

「嗯，應該也是回到這個領域吧，有什麼機會，拜託幫我介紹一下吧！」我半開玩笑的回答他。

「回來？為什麼要回來？」出乎意料的，他忽然皺起眉頭問我。

「嗯?!」我驚訝的看著他，「你的意思是說，我做得不夠好、不夠適合……？」

「不是！就是因為妳做得好、很適合，才會看到這麼多這個領域的問題。」他回答。我從來沒有跟他分享太多對於這些問題的想法，沒想到他都看出來了，讓我有些不好意思。

「嗯，那所以你建議我怎麼辦呢？我的實習經驗全都是在非營利啊！」我問他。

「妳知道，我覺得很奇怪。我大學讀的是普通的學校，畢業後，在紐約闖蕩，想要在傳播領域闖出一片天。幾年後，碰壁很多次，但也真的找到了屬於我自己的舞台。那時候，我的資歷讓我一申請哈佛研究所，就申請上了。」他用力的咬了一口他手中的雞腿，快樂的咀嚼一會兒，繼續說：「上了哈佛以後，我以為有了這個學歷做『免死金牌』，我又可以去冒更多險、做有趣的事了！但我環視四周，發現……SH*T！」他忽然大聲的罵了聲髒話，「對不起，我講話比較直……不過，我發現，天啊！我的同學們，明明是接受最多資源、最該有本錢冒險的——畢竟，講難聽一點，你就算失敗，還是哈佛畢業的啊，還怕找不到工作嗎？但是，這些人幾乎毫無例外的，都選擇了最安全的出路。」

他看著我，認真的說：「我覺得，非營利機構的工作對別人而言可能是冒險，但對妳而言，反而是妳的安全領域。如果，妳一直待在這個領域，只會看到愈來愈多的問題，卻沒辦法有新思維、新工具來解決它們。我建議妳，挑戰自己暫時離開這個領域，找個完全不一樣的工作。說不定，妳會就此愛上新的領域，只不過是妳現在還沒有試過。也說不定，妳終究會回來非營利領域，但那時的妳，就可以站在一個不一樣的位置和高度來看待這裡的工作。」

我看著他，從來沒想過這每天都在上班時間偷看NBA的主管，竟會說出如此醍醐灌頂的話。回家後，我咬著牙，做了一個決定：我打開我在求職網站的設定，取消所有非營利工作的搜尋，並選取了許多新的領域——管理顧問、公關、傳播，甚至服裝設計行銷。我決心，不論我的第一份工作是什麼，我要讓自己有機會跳出自己的舒適圈，挑戰成為一個不一樣的自己。

跳出自己的舒適圈，勇敢踏進新領域，才能有新視野、新思維。

LOBB

7

在監獄教書的日子：老師，妳為什麼來？

我花很多時間了解每個學生，找到他們有興趣的事情，也跟他們一起思考出獄後他們對自己人生的期待，再把學習與他們有興趣的事情和未來的目標結合在一起，讓他們做自己學習的主人。

——在監獄任教的 Bill 的教學態度

大二上學期，我因緣際會的在校園報紙上認識了一個才剛剛創立的組織「Petey Greene Prisoner Assistance」，也就是「彼得．格林囚犯救助計畫」。彼得．格林原是一個因搶劫而被判刑十年的囚犯，但出獄後，靠著努力戒了毒，甚至成為二度得到艾美獎肯定的電台主持人。他的故事鼓勵了許多出身弱勢、曾經誤入歧途的人們，他在一九八四年過世之後，他的好友查理．帕凱墨（Charlie Putkammer）在他自己的母校普林斯頓大學以彼得之名成立了這個計畫，帶領大學生每週進入青年監獄做志工老師，用實際行動與陪伴、幫助更多監獄中的青年，像彼得一樣，不要放棄自己。

當時的我剛從迦納回來，一直在尋求一個學期間也可以服務的機會，對於監獄，我完全沒有任何的了解。唯一的印象，是小時候，我的外婆常常去台中監獄當志工、當老師、唱詩歌給他們聽。每次她去監獄服務回家，心情總會特別沉重。當時，家人也擔心她一個老人家一天到晚跑監獄，但是外婆一直堅持著。

美國青年監獄裡之所以需要志工老師，是因為美國的義務教育為十二年，若一個人在完成義務教育前被補入獄，在監獄中一樣有接受教育的權利和義務。而由於很少有人願意去監獄中教書，所以需要大量的志工老師協助。

很幸運的，申請、面試幾天後，我被選入計畫之中。後來我才知道，我報名參加計畫時，名額原本已經額滿，但創辦人希望和我好好聊聊，不要讓我被拒絕太失望。沒想到，聊天時一拍即合，他破例多開一個名額。

現在，我將這個破例視為一個極大的恩典，且因為這個名額，開啟了我接下來兩年半最長、也或許是影響我最深的教學經驗。

監獄教學開始了

正式開始服務之前，我必須鉅細靡遺的填寫一個關於過去所有學經歷、家庭，甚至交友狀況的表格，好讓監獄中的安全人員調查、確定我沒有安全疑慮。因為我不是美國人，又剛剛從非洲回來，看起來比其他的志工老師來得「可疑」許多。所以，在我的許多朋友、教授們被調查人員「質詢」過之後，我的「入獄許可」才終於被批准，整整比其他人慢了一個多月。

監獄中的「學校」有早上、下午、晚上三個時段，每個志工老師會被分配到其中一天的某一時段，每週都必須到。第一個學期，我被分配到的禮拜二的早上時段，早上七點半開始上課，也就是早上六點四十五分就必須坐三、四十分鐘的車來到監獄。雖然跟我在台灣的上學時間一樣，但是對「養尊處優」的大學生來說，必須在清晨六點四十五分出門，尤其是在下雪天時，鬧鐘響的剎那，就算自己不想輕生，室友們也差點沒取了我的小命。

第一次去監獄的早上，感覺完全還沒聽見鬧鐘的聲音，我的手機忽然大響。昏昏沉沉的接起電話，口齒不清的說：“...He—lloooo...???”電話那頭傳來一個奇特腔調的英文：「阿盧安丁，妮僅舔咬取簡於嗎？」我直覺的回：「啥？」他又用力的重複一次、兩次、三次。講到第四次，我才聽懂他在說：「哈囉安婷，妳今天要去監獄嗎？」

「有啊，要去啊，怎麼了嗎？」我回。

「已經七點了啊！妳人在哪裡？」他說（我幫他還原腔調）。

「啥？什麼？好好好，我馬上到！」我忙不迭的跳下床，套上第一件抓到的毛衣和外套，衝出宿舍、來到會面點。

停在會面點的是一輛白色廂型車，裡面坐了三位志工。我趕緊跳上車，跟司機說：「對不起對不起，我真沒想到我會睡過頭！」司機大笑說：「妳沒想到，我們想到了啊！」其他人也虛弱的笑了笑，告訴我：「別擔心，我們也都睡過頭過，這時間真是天殺的早。」

鬆了一口氣後，司機上路了，其他人繼續補眠，只有我因為腎上腺素過高而精神高昂，便跟司機「抬槓」了起來。聊了之後，才知道他的名字叫 Frenel（福雷奈），來自海地，二十多年前以難民身分來到美國，專門經營接送服務，也慢慢的安身立命，現在兩個孩子都讀到高中了。

一邊聊，我發現車外的景象快速的轉變著。普林斯頓鎮是全紐澤西州最富裕的地方之一，做為那裡的學生，因為鎮上應有盡有，學生又多數沒有代步工具，所以很少離開那美得令人屏息的地方。但是，只不過十幾分鐘車程往南，我們便離開了那不真實的泡沫，來到全州最貧窮、治安最差的區域之

——特倫頓（Trenton）。

車子慢慢的開進監獄，停在大門前。警衛上前來開了車門，全都穿著黃色的「志工老師」制服的我們，魚貫的下了車。

「等下來接你們喔！」Frenel從車裡向我們喊，便開車走了。

我們跟著警衛走進入口的大廳中，除了特別申請核准的教材之外，不得攜帶任何物品進入監獄中，所以所有的手機、錢包、背包、飲料，全都必須寄放在入口的置物箱中。接著，我們排成一排，一個一個通過像是機場裡的X光檢查機器，之後，再接受警衛貼身檢查一次。

輪到我的時候，一走過X光檢查機，機器忽然大聲「嗶嗶嗶」的響起，原本還昏昏沉沉的我忽然被驚醒，驚惶的左看右看，但始終想不到我身上有什麼危險物品。這時候，一個女警衛走近我，問：「妳是不是穿有鋼圈的內衣？」我臉紅著說：「嗯，對……」她嘆了口氣說：「他們又忘了提醒新志工老師了嗎？這是不准的，但是這次就破例，以後請妳注意，好嗎？」我趕緊點點頭，往前走、加入前面已通過的夥伴。

全部人都通過安檢之後，我們將證件都繳出，換成志工證，然後走向一個一點五層樓高的鐵門。「砰！」警衛按了個按鈕，老舊的鐵門緩緩打開。但打開之後，兩公尺後又有另一道鐵門。我們全部走了進去，第一道鐵門就又緩緩的在我們身後關了起來。第一道鐵門完全關緊之後，我們必須在簽到簿上簽名、寫上時間，完成後，第二道鐵門才又「砰！」的一聲緩緩打開。

我和其他志工老師一起緩緩的沿著一個完全沒有窗戶的長廊走到底，才發現這座監獄是一個發射狀的建築，長廊底部是警衛中心，也是整座建築的核心點。由此核心，總共有六條長廊，會通到不同的牢房區、餐廳、教室、圖書室……等。

是不是該認真考慮逃跑？

我們幾個志工老師裡面，只有我和另外一個女生 Jackie 被分在圖書室的那條長廊，每條長廊看起來都一模一樣，還好 Jackie 比我大一屆，已經來過了，所以我就跟著她繼續沿著長長的走廊走著。我們先到了圖書室，向負責管理我們的圖書室主任報到。又瘦又高的她用有活力的聲音和溫暖的眼神向我們打招呼，並告訴我們這學期被分配到哪間教室、哪堂課教學。在她身後，已經有好幾個穿著牢服，安安靜靜在打掃、把書歸類的受刑人。

「記住，監獄裡的突發狀況很多，妳們要學會應變，任何小狀況都可能會讓整座監獄關閉，直到處理完畢為止。如果妳們還沒教完，監獄就關閉了，妳們就先來我這邊報到，知道嗎？」

我們點點頭。聽著她慢慢解釋，我也才知道，原來監獄的每條長廊還會「分岔」，所以準確的說，這座建築不只是放射狀，更是樹枝狀。我和 Jackie 被分配到的教室在不同的「枝節」，所以聽完解說之後，我們踏回長廊，Jackie 的教室就在圖書室旁，而我的教室在長廊的最底端。我和 Jackie「分道揚鑣」，一個人走過偌大的餐廳，經過牢房的入口，經過勞動區（看起來是個木工工作室）。一路上，到處都是跟我年紀相仿的受刑人，有的在打掃、有的在整理餐廳、有的看起來正在前往教室的路上。監獄裡的空氣有一股很特殊的味道——極度乾淨卻又或許因為人的高密度而混著強烈的「體味」，不刺鼻，卻也不好聞。

終於，我來到長廊末端的教室區。進入教室區之前，還有另一個高鐵門，鐵門前站著一個老警衛。警衛先生起先嚴肅的看著我，說：「妳在這裡幹什麼！」我緊張的說：「我是第一次來教學的志工老師……」他盯著我的臉端倪了一會，咧嘴露出一抹調皮的微笑，「廢話，妳的制服上就寫了啊。剛剛前面的警衛已經打電話通知妳會來了。進去吧！」說著，把身後的鐵門打開。

我一走進鐵門後的教室區，警衛先生馬上在我身後鎖上鐵門。「受刑人還要十分鐘才准進教室，妳要是想逃跑，還有時間喔！」接著，他幽默的眨眨眼，但我不知該回以微笑，還是該認真考慮逃跑。

我深呼吸一口，轉身想找我負責的教室。但是每間教室外面的編號噴漆都已經模糊不清，整個長廊又鴉雀無聲，我躡手躡腳的東張西望，好像沒有一間教室裡有老師。這時，忽然身後傳來一個低沉的聲音，說：「妳是新來的老師嗎？」

我嚇得差點沒尖叫出來。回頭看，是一個中年、半禿頭、又瘦又高、戴著眼鏡、留著山羊鬚的男老師。「是的，沒錯，我要找的是 Smith 老師（化名）的教室，我是與她搭配的。」我回答。

「喔，Smith 老師啊！」他說：「妳已經過了她的教室了，來，我帶妳去。」

我們往回走了兩間教室，他掏出鑰匙，打開教室門，「就是這裡了，她總是遲到，反正妳就等一下吧。」

「謝謝……謝謝……」我說。

原本前腳已經踏出教室的他，忽然又轉頭回來跟我說：「我看妳是新來的，好心給妳一些建議好了……我在這裡已經教了快十年，會來這裡教書的，都是像我這樣不被其他地方賞識的人。我跟妳講實話，妳也不要期待太高，以為可以教這些坐牢的人什麼東西。拜託！這些連英文都講不好的黑人啊、墨西哥人啊，我們還給他們有暖氣的地方住就不錯了！」

看到我不可置信的表情，他冷笑一聲，說：「妳覺得我很刻薄，是吧？我跟妳說，我是在幫妳，要是不硬著心腸，在這鬼地方根本教不下去。不信？妳自己試試看吧！」說完便揚長而去。

老師，不要叫警衛！

我一個人在教室裡，環視四周。這間教室跟一般美國學校的教室沒什麼兩樣，有著標準的桌子、白板、書櫃、教科書。牆壁上掛著世界地圖、人體器官圖，和很多奇特的標語：

When I say NO, I mean NO!（當我說「不」的時候，就是「不」！）

Clean up after yourselves. I am not your mother!（自己把自己清乾淨，我不是你媽媽！）

Silence is gold!（沉默是金！）

看著、看著，忽然間，我聽見遠處的鐵門打開了，一個個受刑人魚貫走入教室。「老師早安！」出乎我意料的，每個「學生」都非常有精神的和我打招呼。

學生坐下來後，有的趴在桌上睡覺，有的雙腳翹在桌子上，開始和四周的人擊拳、高聲聊天，也有少數人默默的到書櫃前拿出教科書，在位子上默默的讀著。不過，不管他們在做什麼，每個學生似乎都對看起來同年紀的我充滿了好奇，不斷用眼角餘光瞄我。

等了五分鐘，與我搭檔的老師（她並非志工，而是全職、類似「班導」的角色）還沒到，幾位同學按奈不住，揚聲問：「老師，妳叫什麼名字？」

之前，圖書館主任千叮嚀、萬叮嚀，雖然他們與我年紀相仿，但是一定得讓他們從第一天就養成叫「劉老師」的習慣，而非「安婷」。所以，我很鎮定的說：「你可以叫我劉老師。」

他們也好像已經習慣這裡的老師都只介紹自己的姓氏，所以便很自然的繼續問下去：「劉老師，妳有沒有男朋友？」

我怎麼猜也不會猜到，這會是學生問我的第一個問題。我愣了一會兒，不確定該怎麼回答。

「嗯……沒有，我沒有。」我最後說。

「沒有！妳很漂亮啊！怎麼沒有！」大家此起彼落的說著。原本安靜的教室開始愈來愈鬧。我緊張的說：「好了，沒有就沒有，沒什麼值得大驚小怪的嘛！」

大家笑了一陣，接著，又有另一個學生揚聲問：「老師，妳為什麼來？」

我為什麼來？我又愣了一下。我是老師啊！我為了教書來啊！不然我為了什麼來？我清了清喉嚨，說：「我來教書啊，因為我想把很多很重要的知識教給大家啊！」

沒想到，大家哄堂大笑。我百思不解，到底我說了什麼好笑的事？最後，我終於忍不住，問：「你們到底在笑什麼？」

其中一位學生回答：「誒，姊妹，妳別耍自己了，誰不知道你們這些志工講得冠冕堂皇，最後還不是為了志工時數來的，為了出去外面可以炫耀妳為我們做了多麼高尚的事，沒有人是真的為了我們來的。所以，既然妳也不是真的想來，我們也不是真的想學，那不如我們來個條件交換，妳教妳的，我們做我們自己的事，到時候妳就讓我們過了就是，我們也幫妳說好話，如何？」

我聽了，有滿腔的熱情想回應，但是剛好 Smith 老師到了，看著教室如此鬧烘烘的，劈頭就罵剛剛回答我的學生：「你以為你們在做什麼？造次了嗎？警衛！」

「Smith 老師，拜託不要叫警衛，拜託不要……」那位學生忽然低聲下氣的求。

「不叫警衛？不叫警衛，你每次都以為可以騎到我的頭上！這次非得給你來個教訓！」邊說，邊填寫著某種類似「大過登記單」的表格，幾秒鐘後，警衛出現在教室門口，從老師手上拿過單子，嘆了口氣，示意這位學生跟他走，這學生翻了白眼，心不甘情不願的跟著警衛走出教室。

「請問，被警衛帶走會有什麼後果呢？」我輕聲問 Smith 老師。

「看狀況，有的會被罰勞動服務，有的會被關禁閉，有的會被取消探視權……」Smith 老師一邊拿著一大把的鑰匙，一個一個打開她書桌旁的抽屜，一邊回答我。她從抽屜裡拿出電腦螢幕、鍵盤、主機，現場重組。「我每天都必須把電腦拆解放到抽屜裡鎖起來，不然隔天來一定被偷走或搞壞了。」她解釋。忽然間，她盯著一個抽屜，大罵：「天殺的！又來了！」

我嚇得一動也不敢動，看著她用眼神掃射全班：「是誰？是誰又溜進來偷了我的滑鼠？」

全班同學眼神游移，不發一語。Smith 老師生氣的踹了一下鐵製的抽屜，說：「受夠了，我真的受夠這個鬼地方了！」

學生不想學，老師沒熱情

這時，她終於真的注意到我，說：「妳是新的志工老師吧！早上兩節課都是妳的，看妳要上數學、英文還是自然、社會都可以。教科書都在書櫃裡，每個學生的進度都不一樣，這是紀錄表。」她遞給我一份厚厚的紀錄表，裡頭用鉛筆潦草的記錄了每個學生的進度。

「所以，大家的進度都不一樣？」我問。

「對，程度差得可多了，有的是高中才輟學，有的人連小學都沒讀完。反正他們出獄前都要考GED（高中同等學歷測驗），我們幫他們補就是了。」她回答。

「那所以，我該從何教起呢……？」我又問。

她聳聳肩，說：「隨便妳啊，反正會聽的也沒幾個，還不如叫他們寫考卷例題，比較省事。」邊說，她一邊從另一個原本鎖起來的抽屜中拿出幾支白板筆給我。「沒問題的，妳別緊張，就教吧！」

我走到台上，看著台下十幾雙充滿戒心的眼睛，我意識到，如果他們喜歡上學，或許就不會坐在這裡了。更何況，要我教這一個個跟我同年紀卻刺龍刺鳳的「大哥」小學程度的數學、英文，他們只把我當個笑話。我真的從來沒有碰過比他們學習動機更低的學生。

為了讓我的學生們想要學習，我嘗試了各式各樣的方法：我嘗試分組教學、個別進度、嘗試用教具、影片、戲劇活動、唱歌、自編教材……。但是不管我如何嘗試，我的學生們不想學、就是不想學。

這期間，令我灰心的不只是我鐵著心不想學的學生，更是身旁的全職同事們。他們大多痛恨自己的工作，也接連的看不起他們的學生，覺得他們悲慘的工作，都是這些社會「敗類」害的。他們似乎總是自詡為社會中的好人，而他們的學生都是已經無藥可救的。也因此，他們無心教學，成天想著如何離開這地方，或是什麼時候可以領退休金。有事沒事便叫警衛來把學生拖出去。一生氣就對學生說：「反正你們出去還不是會再被關回來！不要待在這教室裡浪費我們社會的資源！」

做自己學習的主人

教了半年後，有一天 Smith 老師有事請假。監獄規定志工老師不得單獨帶班，一旦導師不在，學生便休息一次。我坐在空蕩的教室中，心想，沒有手機也沒有電腦，真不知道該如何消磨這三小時。這時，有一位我從來沒看過的男老師忽然探頭進來，開朗的說：「妳是劉老師吧！圖書館主任說今天妳沒課，我想要借妳來我們班上當助教，可以嗎？」

「好哇！」我開心的說。我端詳了一下這位老師，他有著淡棕色和略略發白的短髮，戴著類似哈利波特的眼鏡，瘦瘦的，和我差不多高，看起來大概剛過四十歲。聽到我的回答，他也笑了，說：「太棒了！我的名字叫 Bill（化名），我的教室在另一個長廊，我們一起走過去吧！」

由於他教室所在的長廊在整座建築的另一端，我們走了將近十分鐘的時間。這期間，我好奇的問他在這裡教了多久，畢竟他和其他老師好不一樣。健談的 Bill 開始娓娓道來他的故事：他其實是這座監獄中待數一數二久的資深老師，年輕時就來了。當時，他是在倫敦政經學院修博士學位的高材生，但是住在紐澤西的母親忽然身體狀況急遽惡化，所以他休學，帶著新婚妻子回到美國照顧母親。半年後，母親的身體雖未全康復，卻也緩和成慢性病，需要他人照顧。身為獨子的他，急著需要收入，剛好看到附近的監獄在徵老師，便抱著姑且一試的心情來了。

「沒想到，一來，就走不了了。」他微笑著說，「前幾年，我以為我會回去倫敦修完學位，但我沒有辦法放下母親，也沒有辦法放下我的學生。」

看到我震驚的眼神，他咯咯笑說：「不要把我當聖人，這只不過是人生，每一個選擇都有取捨。我選擇了我最想要的、最不想失去的而已。」

說著說著，我們到達他的教室了。走進他的教室，我很驚訝的發現裡面竟然有一台台的電腦，是我從未在其他教室裡看見的。他解釋：「這些電腦是我爭取經費買的，我覺得我的學生身體已經與外界隔絕了，能力不能也被隔絕！」

看著魚貫走入的受刑人自動自發的坐到電腦前面，每個人都清楚自己要做什麼，而且充滿動力，和我的學生相差甚遠。我走進一看，有的人在寫文章、有的人在搜尋資料、有的人在修改自己的履歷、有的甚至在網路上修大學程度的課程。我驚訝的問 Bill：「你是怎麼做到的？讓每個人都想學，而且把程度都拉到這麼高？」

Bill 聳了聳肩，說：「其實沒什麼祕訣，我花了很多時間了解每個學生，找到他們有興趣的事情，也跟他們一起思考出獄後他們對自己人生的期待，再把學習與他們有興趣的事情和未來的目標結合在一起，讓他們做自己學習的主人。」

我從小就知道我會坐牢……

這時候，有個學生走到我們旁邊，手中拿著剛剛寫好的作文，問：「老師，這是我修線上大學社會學課的作業，我有點卡住了，可以幫我一下嗎？」

Bill 看了我一眼，說：「Jose，我們今天有位客座助教喔，讓她幫你吧！」

於是，我和這位學生找了個位子坐了下來。我問他：「Jose，告訴老師，你要寫的題目是什麼呢？」

Jose 有點靦腆的說：「老師，我不會用比較專業的話說，但是總之，我在跟 Bill 聊天的時候告訴他，其實我對於身旁的世界有很多好奇，為什麼我們生在這個家庭，為什麼我現在在監獄裡，但是卻有人可以去當億萬富翁……。妳知道我的意思嗎？所以，Bill 建議我在網路上修這個社會學的課，真的是太有趣了！但是，唉呀，我就是小時候沒有好好上學啊，我爸媽又吸毒，我在旁邊吸好像頭腦也變笨了，教授有時候講話很快，但是我聽不太懂……」

愈講，Jose 的臉愈紅，最後，他小小聲的說：「這是我們的第一個作業，教授叫我們介紹自己，但是也想想我們自己的背景跟這個社會有什麼關係……我不太會寫，妳知道嗎？我很不好意思，但是我很想學。妳可以幫我看看嗎？」

好久沒有看到一個這麼想學的學生了，我心中暖暖的。拿起他的文章，短短的，不到半張紙的長度，他鉛筆的字跡和語調像個孩子，但是讀不到一段，我便發現他的內容，沉重得像是個看遍滄桑的老人的自白。印象中，他寫著：

> 我是 Jose，我今年二十歲。在我二十歲之前，我全都在 Trenton 長大，離我現在所在的監獄不到二十分鐘。我身旁所有的男生大人都被關、被放、又被關，晚上房子外面也都是槍聲。我的媽媽很愛吸強力膠，我很小的時候就要照顧我弟弟，但是有一天我放學回家，弟弟卻不見了。我媽媽從來沒有跟我說弟弟去了哪裡。我從小就知道我會坐牢，其實，我不知道除了坐牢，我長大還能做什麼。我以為全世界都是這樣，直到我開始開車、做壞事，我才知道那些皮膚白的小孩是不用坐牢的，他們的口袋裡是有錢的。我想知道為什麼我是黑人，為什麼黑人小孩都要坐牢？我在監獄裡面的時候，看見歐巴馬當選總統，我好開心，原來坐牢不是我一個黑人小孩唯一的可能。

他的文法有不少錯誤，標點也幾乎都下錯了，使用的單字也過於簡單，但是卻讓做老師的我感到慚愧。當下發現，我從未好好的同理我的學生，而總是從我的角度想著：「他們是落後的，我該怎麼讓他們專心？我該怎麼讓他們成績進步？」可是，對這些學生而言，什麼是他們心中最想問的問題？當他們一輩子甚至不知道自己活著除了坐牢還能去哪的時候，讀書當然只是個殘酷的笑話，而我也只不過是來自「另一個世界」，與他們無關的一個人。我不斷的嘗試改變自己，卻沒想到，原來改變我的學生的根本，是先了解他們。

那堂課，除了幫助 Jose，我也看著 Bill 如何來到每個學生旁邊，知道每個學生的需求，也鼓勵每個學生看見自己的潛力。下課前十五分鐘，Bill 叫所有學生輪流上台與大家發表他們現在在學什麼。看見原本在外頭搶劫、打群架的大哥，竟然會在上台時害臊，真的是個不同的經驗。不過，當每個學生都有一個自己小小的舞台，那種「我值得」的自信，和他們眼中對 Bill 的信任，令我好幾次差點沒掉眼淚。

下課前五分鐘，Bill 轉向我，說：「劉老師，妳不是美國人吧？妳願不願意跟大家分享妳的家鄉呢？我們大家都很想認識美國之外的世界！」

這時候，有一個學生已經興高采烈的把掛在牆壁上的世界地圖拿下來，貼在白板上。我走上台，帶著大家第一次在地圖上認識亞洲、認識台灣。那時候，我看著一隻隻高舉著想問問題的手，我深刻的體會到一個老師曾經告訴我的：「當老師最大的成就感，來自一雙雙發光的眼睛。」

回到我的教室，我不斷的想著，明明是同一座監獄，明明是同一批受刑人，一個老師的付出，竟然可以在他的教室裡帶出如此令人動容的改變。

Bill 讓我開始相信「教育之道無他，愛與榜樣而已」。

什麼是好老師？

那之後，雖然與 Smith 老師搭配依舊相當的有挑戰性，Bill 的教室成了我繼續努力的動力。

所以，我週復一週、年復一年的來到這間教室裡，儘管學生們對我的興趣永遠停留在他們必定問的兩個問題：「妳有沒有男朋友？」「妳為什麼來？」

而我，也只得週復一週、年復一年的回答「沒有！」和「我是為了你們來！」，但似乎始終無法說服他們。

在我剛教滿兩年後的某一天，我一如往常的走入我的教室，我的學生們也一如往常的問：「老師，妳有沒有男朋友？」

「沒有啦！」我幾乎反射性的回答。

這時，我轉身，習慣性的在白板上開始寫下當天要上的課程名字。寫到一半，我忽然覺得怪怪的，我想了一下，發現，他們竟然沒有問第二個問題，「妳為什麼來？」

當下，我默默的在白板前感動了十秒鐘。這個問題，他們連續問了兩年了，每次我都認真的回答，但是他們始終不相信。我不知道是什麼——是我的行動、我嘗試了解他們、還是誰幫我說了什麼好話、還是他們哪根筋不對——他們終於覺得他們不用問了。

最神奇的是，從那天之後，他們再也沒問過這個問題了。而且，他們開始願意寫作業、願意聽我講話、願意相信學這無聊的數學或許有一些用。我並沒有在那天之後忽然變成一個超級老師，但是我的學生們的反應讓我學到一件事情：「什麼是好老師？」雖然是個大哉問，但是，最核心的，如果我沒有辦法說服我的學生和我自己「我為什麼來」，那麼再棒的理論、經驗、方法、工具，都沒有辦法讓我的學生願意聽我說話。

原來，我們常常掛在嘴邊的「教書」這個詞，是會誤導人的——我們不是在教「書」，我們是在教「人」啊！原來，當我站在台上，我並不該是發號司令的長官，而是能夠啟發學生願意與我共同達到更高目標的領導人。原來，唯有當我可以說服自己「我為什麼而教」，我才能夠說服我的學生他們「為什麼而學」。

教學兩年半之後，隨著我即將大學畢業，也得結束我的監獄教學生涯。走之前，有個學生跑來跟我說：「老師、老師，聽說妳快離開了？」

「是啊，時間過得真快！」我說。

「是嗎？老師，我也快出獄了耶！太巧了！」

「真的嗎？太好了！」我真心替他開心，也想機會教育一下，「你數學進步好多，記得出獄後好好用，不要再到處搶人了喔！」

他露出調皮的笑容，說：「不，老師，我才正要謝謝妳，因為我現在數學變好了，我可以好好算每天要搶多少人、每個人平均要搶多少錢……」

我緊張的說：「唉呀！不行啦！怎麼可以！不然你想像一下，如果你不小心搶到我呢？我們算朋友吧？你要是搶我，我會很難過耶！所以之後如果你想搶人，就想著，這可能是老師……這樣就不會搶了吧！」

沒想到，他哈哈大笑著說：「老師，妳不會被搶啦！我們整個幫派都知道妳是誰，妳在紐澤西安的啦！」

我是不知道被整個幫派知道是好事還是壞事，不過，我倒是沒想過，有一天，離開監獄竟然會是件困難的事情。

8

普林斯頓（下）：破繭而出

只不過是四年前，我還是個連五頁報告都寫不出來，被人家笑「怎麼考得上普林斯頓」的無助女生；四年後，我完成了一百五十頁的論文，還能夠得到論文首獎。這一路上多少的人、多少的風景、多少的祝福，苦的淚我早就習慣吞進肚子，但是那天我流的眼淚，是出自於一顆被感恩完全充滿的心。

普林斯頓有個最令校友引以為傲、但令在校學生聞之色變的傳統，那就是被我們暱稱為 The big T 的 Thesis（畢業論文）。每個學生在畢業以前，都必須完成為期一年的研究與一百多頁的論文（惟數理科系頁數較少）。普林斯頓的大學論文在過去有太多輝煌的歷史，許多諾貝爾獎得主的學說，是在他們大學的論文中成形。第一夫人蜜雪兒·歐巴馬在就讀普林斯頓時寫的關於校園內種族歧視的論文，在總統大選期間成為重要的助選內容。

還記得剛被錄取的時候，除了錄取通知書之外，我還收到了一本厚厚的手冊，封面寫著：「The Thesis: Quintessentially Princeton」（論文：普林斯頓的精髓）——是學校邀請當屆每一科系論文表現最好的畢業生寫他們的經驗，以及他們的指導教授的回饋。幾乎毫無例外的，每個學生都會提到畢業前必須生出一整本論文的龐大壓力，但卻會花更多篇幅寫他們有多麼感恩在大學時就有這樣的機會，而甚至指導教授們都會說，能夠指導普林斯頓學生的畢業論文，是教書的最高享受。

因為論文的傳統在學校有著如此崇高的地位，許多學生大三下的時候就會開始積極尋找適合題目和指導教授。在威爾遜學院，學生對於論文的題目以及指導教授的選擇有百分之百的自由，而且每一個學生可以在合理範圍內無上限的申請研究經費。那時我心想，這可是畢業前最後一次跟學校要錢的機會，要好好把握。

剛開始想時，我全心全意想要再回海地做更深入的研究，甚至已經起草寫第一章，也主動找了不少研究過海地的學者諮詢，還跑去位於我在日內瓦的辦公室樓下的海地辦事處打好關係。沒想到，大四開學前不到一個月，忽然收到來自學校的重要通知，要求我變更研究主題，原因是海地當時的治安狀況被美國國務院評定為遠低於標準，學校基於安全原則，拒絕資助學生去過度危險的地區做研究。

雖然學校拒絕的原因很有理，但仍然造成當時在日內瓦的我一陣恐慌：只剩下不到一個月就開學了，我的同學都已經進行了差不多兩個月的暑期研究了，這樣我該如何及時找到新題目、又能彌補落後幾個月的功夫呢？

研究方向急轉彎

正在煩惱的時候，當時在日內瓦的主管之一，來自斯里蘭卡的 Sanjee 聽到了這個消息，便告訴我IBJ的第一個分部所在國家——柬埔寨，那時似乎正在經歷一些有趣的發展，提議我可以找時間稍微研究看看。

我上網 Google 了一下柬埔寨，發現正如 Sanjee 所說，之前較少受國際新聞矚目的柬埔寨，那時卻開始有幾篇報導出現，尤其是一篇《紐約時報》的重要社論。原因是柬埔寨政府正試圖通過一個爭議性極高的「非營利機構法」，被視為政府希望用來壓制人民集會自由的大舉動。

那天，我想了很久，撥了通視訊電話給我的指導教授，史坦利．卡茲（Stanley N. Katz）。卡茲教授今年已經八十歲，曾經是多任美國總統的顧問，也曾是威爾遜學院的院長，更才剛在二〇一一年接受歐巴馬的接見、表揚終身成就。但是他行事相當低調，而且對待學生依舊非常用心、教學也依然銳利。原本我請他當我的指導教授，只是因為我修了一門他教授的非營利研究課程，認為他十分和善，大三下向他提出請求指導的要求時，他也欣然答應。殊不知他其實是學生口中最搶手的指導教授之一，每年只收四位學生，我竟在不知情的狀況下就卡了一個位置。而那時候，我更不知道的是，這位世界知名的學者不只成為我大學生涯最重要的導師，更成為最疼愛、支持我的「美國爺爺」。

那天我告訴卡茲教授，我大概必須將題目從海地改成柬埔寨的想法。他認真聽了以後，認同的點點頭，說：「柬埔寨……我好久沒有去的地方。一九七〇年代的時候，我還和 John Kerry ① 坐飛機到越南，再轉車去和當時的赤棉獨裁者波布吃早餐談判……。」當時我差點沒昏倒——隨便選一個國家，教授都可以和它最重要的政治人物談判過？

過了幾個禮拜後，我回到普林斯頓，這時卡茲教授若無其事的告訴我：「今天早上，我去學院辦公室拿公文，無意間聽到辦公室的祕書說今年有個客座教授叫做 William 什麼來著，他的太太是研究柬埔寨的專家……我完全不認識他們，不過妳不妨問問祕書可不可以讓妳和他們聊聊吧！」

不問還好，一問，竟發現這名客座教授的太太，竟就是當初我在日內瓦讀的《紐約時報》關於柬埔寨重要社論的撰寫人——伊莉莎白．貝克女士（Elizabeth Becker）！貝克女士是目前全世界唯一生還、曾經親自採訪過柬埔寨獨裁者波布的外國記者。當年，她受邀與三位外國記者來採訪波布，親眼見過他的群眾魅力與機智，沒想到採訪完當天晚上，她與其他記者借宿的房子遭到抗議者入侵，房子裡所有人都慘遭殺害，唯有她躲在浴缸中裝死，逃過一劫。最令人動容的是，在這樣的經驗之後，她反而堅持繼續關心、報導柬埔寨。多年來，她已成為柬埔寨最重要的發聲者之一。

貝克女士協助我在很短的時間內了解柬埔寨近代史錯綜複雜的演變，也提點我許多在當地需要注意的談判方法與自身安全。多虧她的鼎力相助，讓我在一個月的時間內，同

時周旋在一個個的工作面試之間、帶領團契的新生小組，還能及時對柬埔寨有基本了解，並且在二〇一一年的十月底申請到經費，從紐約飛到柬埔寨做第一次的實地研究。

帶回滿滿一疊故事

沒想到，才到紐約機場，就發現因為異常的大雪，飛機被延遲六個小時。好不容易搭上飛機，飛了將近二十小時抵達台灣桃園機場要轉機前往金邊時，早已錯過一天才一班的飛機，必須改搭隔天的班次。於是，在毫無預警的狀況下，我搭上高鐵，回到台中的家。當媽媽打開門看見我站在那裡，她驚訝得下巴快掉下來。我旋風式的回到家中十二個小時，吃了爸媽的拿手菜，隔天又搭早上七點半的飛機，風塵僕僕來到金邊。

降落金邊時，當地時間是中午十二點左右。因為前一天的行程都臨時被延後，我那天的第一個訪談是在下午一點半。於是，下飛機後，我趕緊換了錢，跳上計程車，來到我的小旅館，丟下行李，再跳上一輛「嘟嘟車」（類似人力車，不過前面的司機是騎摩托車），衝向我的第一個面談地點。

六個訪談之後，回到房間已經是晚上十一點。其實，當時我在柬埔寨認識的人一隻手數得出來，在第一天都已被我訪談完了。我雖然有寫信到政府，希望能訪問他們，也寫 email 給許多組織，但在那裡，email 並不是每個機構都習慣的聯絡方式。即使只到了一天，我就開始意識到電話依然是最實用的通訊方式。那天晚上，我拖著萬分疲倦的身體，卻因時差睡不著，又擔心明天若是沒人回電或回信，那麼我該如何向學校交代？

這時我收到一封來自卡茲教授的簡短 email：「妳好嗎？相信妳一定可以的。加油！」看到 email 時，我苦笑一聲，一方面是敬佩一個如此百分之兩百信任學生的老師，另一方面是在心中吶喊著：「我哪裡好啊？該從哪裡加油起？」

感謝神，隔天早晨，整夜沒睡的我竟然又充滿了活力，也在一早厚著臉皮狂打電話之後，獲准到幾個機構訪問。而每訪問一個人，他們都驚訝於這麼一個小女生，在柬埔寨非親非故的，竟然敢自己就飛來做研究？驚訝之餘，或出於認同，或出於同情，都會說：「那麼，我幫妳介紹

與諾貝爾和平獎提名人 Kek Galabru

給某某吧……」就這樣，我在柬埔寨的人脈，隨著一通通的電話、一次次的挨家挨戶拜訪，慢慢的從點、到線、到面。最奇妙的是，一般來說，對於外國研究者都很排斥的柬埔寨政府，竟然在我到達後的第四天回覆，說要我立刻到法務部進行訪問。直到一週後離開時，我帶著滿滿一疊的訪談紀錄，從官員到農民組織到諾貝爾和平獎提名者都有，總算能跟教授做個交代。

小官員變國務卿

回到美國後的一個月，我一邊繼續找工作、繼續上課，也繼續分析我的訪談紀錄。一個月後，聖誕節到了，我飛回台灣短暫探望家人，沒想到，一回到台灣身體就垮了，足足在床上躺了一個禮拜，也就是我假期的一半。在爸媽強力進補後，我又恢復了體力，飛回美國兩週考期末考，之後又飛回金邊做最後一次的實地研究。回頭看，在一個月內橫跨太平洋四次，而且經台灣轉機都「過家門而不入」，真的是只有一股熱情支持著，才能像我一樣傻子般的做起來甘之如飴。

離開普林斯頓、第二次前往金邊之前，卡茲教授告訴我，他忽然想起三、四十年前他在柬埔寨時，與當時一個初階的年輕政府官員建立了不錯的關係。雖然很久沒聯絡了，但他好不容易翻箱倒櫃，找到了這個官員的名字。因為柬埔寨政府雖然上一次接受我的訪問，但仍然非常保守，教授建議我死馬當活馬醫，不妨試著找找這個小官員是否還在。

誰知道，一問之下，這個「小官員」現在可是堂堂國務卿，一點都不小了！而平常完全不接受訪問的他，竟然記得那麼久之前有一面之緣的卡茲教授，欣然答應讓我採訪。因為國務卿都答應了，其他原本稍稍擺高姿態的官員，態度也都軟化了。因此，我每天進進出出偌大的內政部，穿梭在各個建築之間，睜大眼睛觀察著一切，想要問最核心的問題，卻又要小心不要被認為是對政府具有威脅性，不然，我要是走不出內政部，也不會有人知道我在哪裡。

訪問國務卿那天，我走進他華麗的辦公室裡，而他就好似個皇帝，坐在雕刻精美的「龍椅」上，但慈祥得像爺爺般端倪著我。「孩子，讓我告訴妳柬埔寨的故事……」國務卿開口說了將近一小時的故事，讓我完全沒有問問題的縫隙。不過，我倒也聽得津津有味，因為歷史是人寫的故事，他在敘述歷史的過程中所透露出的論點、所選擇的切入點，都是非常值得細細咀嚼的。

嘟嘟車司機 Mr. Smiley

這次回到柬埔寨，當然比上次多了不少熟悉感，也更有機會除了工作還能認識朋友。其中，或許是我最要好的當地朋友，是一位「嘟嘟車」司機。不同於第一次來到金邊，每一趟都是臨時請路邊的嘟嘟車。這次我聽了朋友的建議，找到第一位嘟嘟車司機，就跟他談整個研究期間的合作。不只我省錢，他也有更固定的收入，也因為長時間合作，我和他慢慢的成為好朋友。這位司機很有趣，從來不用本名介紹自己，而將自己叫做「Mr. Smiley」（微笑先生），包括安全帽背後以及車子的側邊都特別寫上這個名字。而且，他是真的身體力行將他的名字活出來，無時無刻不掛著一抹微笑。

金邊的交通非常壅塞，所以我們有很多塞車的時間可以互相分享生命故事。從斷斷續續的分享中，我拼湊出他的生命故事：他小時經歷慘痛的赤棉革命，親眼看見親人被士兵奪去性命。好不容易活了下來，長大了，結婚生子，卻又因農村饑荒，必須離鄉背井來到首都開嘟嘟車維生。我認識他時，因為還沒有存夠積蓄，他已經兩年

多沒看見他的妻子和孩子了。

知道他的故事後，我真的無法理解，為何經歷這麼多痛苦的他，有辦法叫自己微笑先生。在金邊的最後一天，微笑先生載我去機場，下車時我終於忍不住問他：「看起來你一點開心的條件也沒有，你到底為什麼笑的出來？」他看著我，頓了一下，邊露出他招牌的微笑邊回答我：「妳知道，妳不是第一個問我如何微笑的人。我覺得很奇怪，因為你們擁有一切應該值得微笑甚至大笑的條件，卻反過來問我該如何微笑。這些年，我學到，不是有條件才能微笑，是微笑後才能有條件。」

這句話給我一個著實的當頭棒喝。我發現很多時候，我沒辦法踏出安全領域，是因為我覺得那是「人生勝利組」的特權，或是想要等自己夠有錢、有能力、有資源之後，才覺得有「條件」可以去冒險。但是如果一味的等待環境給我們綠燈，我們或許永遠沒辦法踏上冒險的旅程、成就在別人眼中曾經是不可能的事情。「微笑」對 Mr. Smiley 來說，理當是個不可能的任務。但是當他願意踏出實踐這任務的每一步，他就愈來愈有真正從心中微笑的條件。

在此同時，我也認識了另外一個人。他是一個約二十六歲的年輕瑞士人，和我住在同一間旅舍裡。有一次在電梯中巧遇，和他聊一聊後，發現他已經背著背包環遊世界好幾年。沒有任何計畫、帶著自己的積蓄，他說他想親自體驗這世界的奇妙與浩大。好一個會說故事又有魅力的旅行者，我對他的勇氣不由得心生敬佩。

然而日後幾天，每天早上我坐在旅館一樓吃簡單的免費早餐時，發現他總會出現在大廳，身旁都跟著一個不同的柬埔寨女孩。而這位瑞士人會在大廳直接給她錢，便轉身回到自己房間。

柬埔寨是世界兒童人口販賣以及雛妓問題最嚴重的國家之一，不用多想，大家都知道他在做什麼。但最令我感到不解與心痛的是他那完全沒有羞恥感、理直氣壯的態度，彷彿這不過是他「探索」世界的一部分。

之後我忙於研究工作，再也沒時間碰上他。現在回想起我在柬埔寨認識的這兩個「朋友」，我總會想，一個，是從來沒有離開過柬埔寨，也大概一輩子沒有辦法出國的嘟嘟車司機；另一個，是名副其實的「世界公民」，看遍世界，朋友滿天下，有數不完的冒險故事可以分享。但是，這兩個人，哪一個人心中的「世界」比較大呢？原來，一個人可以環遊世界但目光如豆，也可以一生在同一個地方卻有廣闊的視野。這是我從未想過的領悟。

論文寫到快崩潰

回到普林斯頓後，離論文截止日期只剩兩個月不到的時間。每天，我沒日沒夜的整理研究資料、去圖書館讀遍所有相關書籍，除了上課與吃飯之外，我幾乎都關在寢室中，一天至少閉關十二個小時。我的室友都是美國人，雖然也在趕論文，卻認為我能專注寫作十二個小時根本是天方夜譚。我漸

一個人可以環遊世界但目光如豆，也可以一生在同一個地方卻有廣闊的視野。

漸發現，從台灣升學體制中生存下來的學生，還是有這個根本的優勢：十二個小時，有什麼難？我們以前可是從早上七點讀到半夜的。這樣的毅力和耐受力，再加上在美國磨出來的獨立思考能力，可以讓台灣學生勢不可當。

雖說如此，英文寫作和批判能力仍然是我相當沒有自信的區塊。好幾次，我寫了十二個小時只寫出兩、三頁的內容，讓我挫敗無比。每一週，我都會來到卡茲教授的辦公室，和他討論論文進度，但到後來，我壓力大到接近崩潰，忍不住在教授面前掉下眼淚，「教授，我真的可以嗎？我覺得我寫不出可以達到普林斯頓標準的論文……」老教授微笑看著我，靜靜的說：「妳可以的。我指導過上百篇論文，我知道一個學生可以或不可以。妳可以的，不要擔心。」

到了交出論文的前幾週，一週一次的會談已經不夠，我和卡茲教授每隔幾天，甚至假日時，都會約著在學院吃午餐或喝咖啡，他一邊逼我稍微放鬆，也一邊和我一句句、一段段的討論著。卡茲教授雖然總是鼓勵我，卻也十分嚴格，所有的草稿都必須重寫、修改、再重寫。「所以呢？」他總愛問：「妳不能只是把事實寫出來，必須不斷的問自己：所以呢？這個人說了這句話，所以呢？這件事情很重要，所以呢？政府應該在這裡改變，所以呢？」彷彿在剝一顆洋蔥，他要求我只要還有下一層，就要剝下去，即使剝的過程不舒服、流眼淚，唯有如此，才能不斷的探索每一句話、每一個事件背後錯綜複雜的元素，才能真正產出有價值的研究。

終於，我熬到了交出論文的那一天。學校如此重視論文，要求每一份論文都必須由專業的影印

凡事追根究柢，彷彿在剝一顆洋蔥，才能不斷探索每一句話、每一個事件背後錯綜複雜的元素，才能真正產出有價值的研究。

店印出、精裝本裝訂，並在封面燙金上題目、名字與校徽。抱著兩大本一百五十頁的論文，我感覺好像一個剛生產完，無比驕傲也無比虛弱的媽媽。威爾遜學院有一個重要的傳統，就是在當天下午五點論文正式截止時，會倒數十秒。接著所有的大四生都會換上威爾遜學院的院服，衝進學院前的噴水池裡。那天，每個同學都頂著蓬頭亂髮、吸血鬼般的黑眼圈、空洞卻無比興奮的眼神。四點五十九分時，老師們開始倒數：「五、四、三、二、一！」跳進水池的那一剎那，真的好像一整年來的辛苦都化成沁涼的喜悅。學長姊說得沒錯，一份論文，真的可以是一趟讓一個大學生脫胎換骨的旅程。

論文首獎

好好放鬆了幾個禮拜後，來到書面成績與評語公布的日期。我來到辦公室，領了寫著我名字的密封信封，走到學院大

廳的一張沙發上，真的是顫抖著打開信封。第一張評語，是來自於卡茲教授。一整面的評語，他是如此開頭：「安婷，這兩年能和妳一同工作，是一份特別的喜悅。妳的成長——不論是做為一個學者，或是單做為一個人，都令我相當的印象深刻，而這份論文，正是妳個人成長的最佳呈現。……這份論文最偉大的成就，在於妳能夠在寫作的同時，不斷重新思考最根本的問題到底是什麼。只有非常少的學生能夠做到這樣的地步。」接下來，在詳細的分析我的論點後，結束時，他寫著：「Hurrah，安婷！Xie xie（他用英文拼出中文的謝謝），讓我有機會在如此令人興奮的一個旅程中與妳同行。」

原本已經為著卡茲教授的評語而熱淚盈眶，沒想到翻到下一頁，我的「第二讀者」，

一位我完全不認識的教授，用更小的字體密密麻麻的打了兩整頁的評語。「哇，這種篇幅，大概不是大好、就是大壞。」我想著。深吸了一口氣，我讀到第一句，眼淚又不爭氣的滑了下來：「這是一份極為美麗、充滿獨特創想的論文。」上面寫著。洋洋灑灑幾千字後，教授以這句話作結：「要是威爾遜學院能繼續支持妳關注柬埔寨就好了！世界需要像妳這樣銳利的眼睛。」

接下來的幾個星期飛也似的就過了——這期間，我完成了我的口頭論文辯護，找到了我的第一份工作，打包了我四年的家當。最後，也是最慘痛的，和交往一年的男朋友分手。晃

眼，就來到了畢業典禮。爸爸、媽媽、弟弟和三個阿姨都特別飛來參加。其中除了當初陪我來報到的媽媽之外，每個人都是第一次來學校看我。坐在台下時，大人物演講完之後，我知道即將要頒發論文最高榮譽：威爾遜論文獎，但卻壓根不敢奢望是我。雖然教授們給我很正面的評語，但我身邊的同學臥虎藏龍，全學院只有一個人可以得獎。比我厲害的人太多了，怎麼想，都不可能是我。所以，當院長站上台，我不自覺的就開始放空。

沒想到，當我回神，我發現全部的人都正轉向我，一位坐在附近的同學說：「是妳啊！是妳啊！」我不可置信的站了起來，全場如雷的掌聲。我走到台前，看見卡茲教授坐在第一排，滿頭銀髮的他，襯衫上打了一

個橘色的小領結，充滿驕傲的站了起來，給我一個深深的擁抱。

「教授，沒有你，我不可能做得到，謝謝你。」我說。

「不，沒有我，妳也一樣做得到。」教授回我，「妳的努力，我們都看見了。」

我轉過身，走上台，從院長手中接下獎狀。走下台，回到座位上，我激動得無法自已。不是因為得這個獎，而是因為我如此清楚的記得，只不過是四年前，我是那個連五頁報告都寫不出來，被人家笑「怎麼考得上普林斯頓」的無助女生；四年後，我完成了一百五十頁的論文，還能夠得到論文首獎。這一路上多少的人、多少的風景、多少的祝福，苦的淚我早就習慣吞進肚子，但是那天我流的眼淚，是出自於一顆被感恩完全充滿的心。

那晚，我真的不得不跪在上帝的面前，讚嘆祂的信實、數算祂的奇妙作為。四年來，我曾經討厭祂、逃離祂，甚至咒罵祂，但祂始終未曾離開。得這麼大的獎，是一個有趣的為這四年作結的方式，同時，我用這四年去體驗我的個人是多麼渺小，但也同時經歷一份份白白給予我的愛，力量是如何的偉大。

①—凱瑞，為現任美國國務卿，長年為美國重要政治人物。

9

社會新鮮人：感謝給你第一份工作的人

世界上有這麼一大群人，他們的思維模式、溝通方式，是我完全不了解的！若是留守在我的「NGO 舒適圈」中，我可能永遠無法想像、更別提理解這麼多人和企業——而若不能同理，就沒有溝通的可能，終究會故步自封、甚至自命清高，永遠只能用旁觀的角度看「那些營利的人」。

結束大三暑假在日內瓦的實習後，離開學只剩下不到兩個禮拜。我短暫的飛回台灣探親，接著又馬不停蹄的飛回普林斯頓。在開學前三天，我拖著沉重的行李來到宿舍門前，腦中晃過：不過三年前，佇立在我第一間宿舍前的激動，「哇，誰知道我最後一次搬宿舍的日子這麼快就來了。」在大學裡，大四生好像可以忽然有種老氣橫秋的衝動和特權。

懷著一股又苦又甜的複雜心情，我用學生證「嗶」的一聲打開宿舍大門，習慣性的自個兒拖著行李來到二樓。氣喘吁吁的我用力敲了幾聲門，這時我的室友之一、來自中國的 Alice 打開了門，看到我，驚訝的說：「安婷！怎麼不叫個男同學幫妳搬行李呢？」我愣了一下，才發現在美國的這幾年，把我從原本在台灣的公主病，磨成「不求人」的鐵臂鐵腿。

走進房間，我一鼓作氣把行李一一放到櫃子裡，床單鋪好、地板掃乾淨、海報貼在牆壁上，忙到近半夜。我的身體累到快受不了，躺在床上，不知是因為時差，還是真的太興奮，卻怎麼都睡不著。這時，我虛弱的聽到客廳裡傳來某位室友和她男朋友講電話的聲音：「……下禮拜有三個面試、再來還有四個……週末要去紐約請教在××公司的那個學姊……」

「下禮拜?!」我的頭腦隱約抽痛了一下。「怎麼可能？都還沒開學耶！」正想爬起來問問室友，卻在頭腦極度昏沉的狀態下，不支「昏迷」。

隔天早上七點不到，雙眼便忽然打開，精神好像都回來了。我跳下床，邊刷牙，邊想昨夜聽到的到底是真的還是惡夢一場。

愈想，愈覺得不可能，哪這麼急？但是心中還是毛毛的，感覺好像我錯過了什麼。我坐在房間的落地窗旁，享受著晨曦和鳥叫，打開電腦，來到學校的徵才網站。那是我第一次來到那網站，連個帳號都沒有，而且不知道為什麼，當時怎麼找就是找不到註冊的地方。還好，有些頁面不用登入就可以看見，其中有一個標題寫著「各公司／組織說明會時間與申請日期」。我不假思索的點入，頁面一打開，游標往下滑，我的背脊便開始發涼：當天早上（再過幾個小時）就有第一場說明會！而且申請書從兩、三個禮拜前就開始收件，截止日期都只剩不到一個禮拜！怎麼可能？怎麼從來沒人跟我提過如何找工作這檔事？

我看了看手錶，早上七點十五分，離我室友們平均起床時間至少還有三小時。怎麼辦？我從來沒找過企業界的工作，連份像樣的履歷都沒有。更何況這可惡的網站到底在哪註冊呢？愈想，我愈緊張，不管三七二十一拿起手機，打給我去年的室友之一、畢業後搬到華盛頓特區做管理顧問的 Dan。

「嘟—嘟—嘟—」第一次，他沒接。我不管，又打了第二次「嘟—嘟—嘟—」。還是沒接。管他的，我再打一次，「嘟—嘟—嘟—」終於，在響了快一分鐘之後，Dan 接起電話，說：「幹嘛啦！妳有病喔！」

「Dan，我不管啦，你給我起來，我需要你，拜託拜託拜託！」我忙不迭的跟他說。

「怎樣，有人跟妳告白喔？」Dan 不耐煩的回。

「不是啦，我才不怕告白，我怕沒有工作啦！」我沒好氣。

「沒工作？妳不是想去ＮＧＯ工作嗎？為什麼不回日內瓦申請就好？幹嘛問我？」他困惑的問。

我大大的嘆了一口氣，把在日內瓦時想的，和上司要我跳出「ＮＧＯ舒適圈」的事情，從頭和他說了一次。「所以，現在我想挑戰自己，找個企業界的工作。」

聽完了之後，Dan 停頓了幾秒，也深深嘆了一口氣：「我到底是去哪裡交到妳這種會早上七點挖人起床的損友啦。」不過，他還是很夠義氣的說：「好啦，履歷表寄來，我幫妳看過。徵才網站的帳號，我剛剛在聽妳囉嗦的時候也幫妳註冊好了，帳號是妳學號，密碼是『Dan_is_the_best』，現在我要去睡了，再見！」說完，便迫不及待的掛了電話。

於是，那之後的每一天，我除了上課、去社團，還得修履歷、跑一場又一場的說明會。那時的我，忙到連吃飯都快沒時間，甚至連套像樣的套裝都沒有，也根本不知道人家企業是怎麼面試的。

華麗的企業說明會

大企業來到普林斯頓辦的說明會，是我沒有想過的盛大奢華：場地在高級飯店，活動前後還有免費的酒吧社交時間，連小點心都是平常我只敢遠觀而不敢褻玩焉的。從前，景氣好的時候，這些大公司要人才供不應求，普林斯頓的學生每個人畢業時都有至少四、五份工作可以選，所以這些說明會說穿了只是社交的場合。不過，金融海嘯過後的這些年，說明會的排場不變，氣氛卻截然不同。

我的第一場說明會，穿著向同學借來的套裝和不合腳的高跟鞋，踉踉蹌蹌來到會場，主辦的是三大顧問公司之一。挑高的天花板、大理石地板的聚會廳中，每個學生手中都拿著黑皮的資料夾、穿著西裝或合身套裝，連頭髮都是精心整理過，男男女女無一瑕疵。一開始，我站在角落，嘗試觀察大家的舉止，觀察到大家手上幾乎都拿著杯飲料，而且積極的尋找來自此公司的人自我介紹。雖然覺得尷尬，我也如法炮製，抓了杯香檳，挺直腰桿，一副自信自在的樣子，來到其中一個被大家團團圍住的公司代表旁邊。

「……所以，我剛剛說到，我們公司非常以我們的多元文化為傲，不論是宗教上、性別傾向上、興趣上，反正你想要做什麼，這裡都可以找得到人和你一起……」這個代表說道。眾人露出羨慕的表情，不少人一邊振筆在筆記本中疾書。我從不知道原來聊天還要做筆記，趕緊也裝模作樣把筆記本拿出來。

「我真的太愛我的公司了！」那位嬌小的公司代表繼續說，「我曾經在這邊工作兩年之後，先離職休息一年去旅行，結果在我旅行到南非的時候，發生了非常非常嚴重的車禍。沒想到我的老同事們不知怎麼得到消息的，第一時間告知公司，公司竟然出錢讓我飛到倫敦就醫，還讓我爸媽飛去探望我，連醫藥費都出了。我從頭到尾沒花一毛錢，而且還收了一堆禮物……」

看她講得那麼激動，我原本還害怕她快哭出來了。身旁的其他學生點頭如搗蒜，甚至有人上前給她一個擁抱。這時，大概有五秒鐘的靜默，我用眼角環視大家，不知道是否該出聲，好讓這個代表對我印象深刻，說不定可以加分。「但是，出聲又要講什麼呢……我才剛認識她，根本不了解她……她也不了解我，我們能聊什麼呢……」

正當我心中還在盤算這些問題時，身旁一個高跟鞋比我高兩倍、臉上的妝無可挑剔的漂亮女生往前踏了一步，說：「您好，我是經濟系大四的×××，剛剛聽您的分享，真是太感動了，我也真的好期待能在這樣的公司一起努力！不過，我想問個問題，希望不會太唐突。其實我之前已經上網查過貴公司畢業於普林斯頓的代表，猜想您可能會被派回母校的說明會。那時候就看到您似乎之前在 Google 也工作過？是 Android 方面的工作吧？我很好奇您從科技業轉來顧問業的心路歷程是什麼呢？」

「連她之前在哪邊工作都調查過了！太離譜了吧？」我站在旁邊，敬佩得瞠目結舌。代表顯然對這位學生印象非常深刻，滔滔不絕的回答著她的問題。一問一答、來來回回的 Small talks，話題從原本的工作聊到旅行、寵物、戀愛史，無所不聊、笑聲不斷。原本是一群人圍著這個代表，瞬間好像變成兩個人之間的對話。

就在我快覺得無趣，轉身想離開的時候，另一個在我身後站了一段時間的西裝筆挺的男生，推了推眼鏡、清了清喉嚨，輕輕推過我、往前踏一步，說：「不好意思打斷你們，但我是否也能參與這個有趣的討論呢？」另兩人馬上露出大笑容，讓他加入小圈圈之中。這時，他拿出一張名片，遞給公司代表。「名片！學生哪來的名片？」我心中無限驚嘆。然後，畫面彷彿重播一般，話題又再度從公司談到運動、美食、流行樂團……

我實在找不到插話的餘地，索性退到角落，盡情吃那些被晾在一旁的高級甜點。一邊吃，一邊從旁看著這整個畫面：一群先前完全陌生的人，可以馬上稱兄道弟、仰頭大笑、熱絡的聊著，彷彿久未見面的老友……。一方面，我很緊張——這種似乎再直覺也不過的互動，為何對我而言是如此的不自然？

舒適圈外的世界

另一方面，我心中開始深刻體會當初在日內瓦的上司為何如此挑戰我：這樣的緊張，不正就是跳出舒適圈的感受嗎？原來，世界上有這麼一大群人，他們的思維模式、溝通方式，是我完全不了解的！若是留守在我的「ＮＧＯ舒適圈」中，我可能永遠無法想像、更別提理解這麼多人和企業——而若不能同理，就沒有溝通的可能，終究會故步自封、甚至自命清高，永遠只能用旁觀的角度看「那些營利的人」。

於是，我下定決心，就算不能一輩子在企業中工作，至少得能和他們共事、講相通的語言。所

若是繼續留守在舒適圈中，可能永遠無法想像、理解不熟悉的世界，終究會故步自封。

以我開始天天跑職涯輔導處，惡補如何自我介紹、如何寫履歷（用有力的動詞、多寫數字和具體成果！），甚至聯絡了所有願意理我的學長姊，求他們視訊幫我練習面試。因為我過去完全沒有在企業實習的經驗，所以任何願意看我履歷的公司，我都跑去面試，舉凡顧問、政策分析、廣告、零售都有。尤其是顧問公司總愛用的「案例面試」（case interview），難度特高，題型特多，我買了每一本大家推薦的「教科書」，每天晚上和同學們互相考試。儘管如此，看著我的同學從大二、大三就在準備，而我卻在面試前一週才抱佛腳，心中七上八下，常夢到自己坐在主考官前，卻把「兩千除以五」算成五十這般的窘境。

翻開那幾個月的行事曆，密密麻麻甚至互相重疊的行程，忙面試、忙課業、忙論文、忙社團，連吃飯的時間都拿去開會。頭腦又感受到那種暈眩，明明是個學生，卻像個上班族一樣，每天七點出門，半夜回家。

十月底，我覺得情況已經快要超出我的控制範圍了——

十月二十五到二十七日，期中考轟炸。

十月二十八日，我在紐約進行兩間公司一整天的第二關面試。

十月二十九日晚上，我依照原訂計畫來到機場，準備飛往柬埔寨首都金邊做論文研究，卻碰上了紐約那年極度異常的十月雪，飛機嚴重延誤，在機場枯等六小時後，飛機終於起飛。

十月三十一日，飛了近二十小時，我來到台北轉機，一天一班飛往金邊的班機卻早已離開，必須等到隔天。我無奈的拿起行李，搭上高鐵，回到台中的家。媽媽打開家門，差點沒以為見鬼了，說：「妳妳妳妳妳……怎麼會出現在這裡?!」

十一月一日，早上七點的飛機，中午十二點抵達金邊。我風塵僕僕、飛也似的坐車到旅舍、放下行李，開始一天六個、五天三十個訪談的行程。又因為時差，我五天晚上不能闔眼。

十一月六日，搭上飛機，飛抵台灣轉機，「過家門而不入」，直接飛回紐約。

十一月七日，在紐約進行另一個公司最後一關面試。晚上跳上火車，坐了五個小時來到波士頓。

十一月八日，在波士頓進行一個整天面試，當天晚上，衝回紐約。

十一月九日，回到普林斯頓，報告論文訪談結果……

好陶醉！我有工作了！

就在我覺得肝快要爆炸的時候，十一月十日，發展經濟學上到一半，電話大響，未知號碼。教授不悅的看了我一眼，我趕緊將電話靜音。不久後，對方留了一個語音訊息。「是誰打來的呢……難不成……？」接下來的課，我完全無法專心。一下課，我一個箭步衝到教室外面，撥到語音信箱，是某顧問公司的高層主管：「劉安婷小姐，早安！我們團隊對於您在面試時的表現相當印象深刻，希望能正式邀請您加入我們，期待很快能與您一同工作……」還沒等他講完，我就興奮得又叫又跳，把旁邊的同學都嚇了一跳，「我有工作了！我有工作了！」

縱然，在拿到那份工作之後，我持續收到了雪片般來自其他公司的拒絕信，但是「我有工作了！」的那份安全感（即使只有一個工作！）也總讓我在身旁同學依然在履歷表中焦躁的同時，有種夢幻的自我陶醉特權。雖然，老實說，我連我的公司在做什麼都沒有太大的興趣，也對於「背棄」原本對服務弱勢的工作的熱情感到很深的罪惡感，但是在同儕羨慕的眼神之中，我似乎不得不享受這個喜悅，否則才叫不惜福。

現在回頭看，我才意識到這股自我陶醉並不全是偶然。我畢業那年，普林斯頓有百分之三十六的畢業生進入華爾街、百分之二十五進入顧問業，加起來超過百分之六十。這樣的數據，在其他常春藤學校也都類似。有趣的是，我們並沒有「金融系」或「顧問系」，甚至連商學院都沒有，之所以會有這樣的數據，某些程度是因為這些公司抓緊了我們這群自詡為菁英的社會新鮮人最重視的東西：地位、薪水和安全感。顧問業第一年台幣兩百萬的薪水、低錄取率和提早在大四上學期就面試的策略，讓我們陶醉無比，卻也鬆懈、麻痺，以致於連原本自以為「不屑名利」的我，都沒有多餘的動力再去尋找其他的出路。

不管如何，對當時的我而言，這份工作除了給了我踏出「NGO安全領域」的舞台，更重要的是，它象徵著我正式能夠在美國自給、立足。畢竟，我是十八歲時拚了命離開台灣的，那時我滿心想逃離一個被我認為太壓抑、太狹隘的地方。而在美國的這五年，從一開始的辛苦，到逐漸適應、扎根、建立自己的社交圈和生活——確定有工作的那一刻，我想，少女時夢寐以求的人生，終於可以正式展開！那年，我二十二歲，壓根沒有一絲想回台灣的想法。

我的小藍金龜車

二〇一二年九月十日，我展開了社會新鮮人的新生活，得飛去芝加哥總部的全球新進員工培訓。去芝加哥之前，我得知我雖隸屬大紐約區，但第一年被分配到普林斯頓分公司，服務的客戶都是紐澤西州最多的大藥廠。得知這個決定時，我的心情莫名其妙的糾結成一團。不過幾個月前，我還是那個自傲於到處旅行、流浪的冒險家，全世界這麼多地方，怎麼反而落腳在離學校不到兩公里的地方工作？我真的離開舒適圈了嗎？還是我在騙自己？

更何況那裡沒有大眾交通工具，我也不會開車啊！（普林斯頓的大學生全數住校，而且只有少數能帶車，所以我到了二十二歲只會騎腳踏車！）

再怎麼怨嘆，也只能面對。在台灣的最後一個月，我每天到駕訓班報到，在台灣夏天特有的烈日下，開著二十幾年的老爺車練習，終於在飛回美國的前一天考到駕照。拿著剛換好、熱騰騰的國際駕照，我先降落在紐約。因為還沒有車子，只得走到租車處，租了最便宜的車款，在深夜開回兩小時以外的普林斯頓。一路上，我默背著交通規則，仍然想不起來到底該開內線道還是外線道，怕超速，又一直被旁邊超越我的車子按喇叭。在美國住了四年，卻第一次在美國開車，錯綜複雜的四、五線道搞得我暈頭轉向，一個不留神，又要繞遠路迴轉。還好，坐在我旁邊的是請假來幫我搬家的爸爸，原本以為可以在車上補眠一下的他，也緊張得抓緊把手，眼睛瞪大。等我們好不容易來到我在普林斯頓的租屋處，父女倆都臉色慘白，滿身冷汗。

受訓前幾天，我忙著搬家、打掃、還得換駕照、買車等等，忙得不可開交。尤其是選車這檔事，預算有限，又對車子一竅不

通，每天跑車廠，聽他們說什麼馬達、什麼省油率、什麼外殼，簡直像鴨在聽雷。

疼我的爸爸，每天陪我一輛、一輛車的試開。終於，在第五天，我們發現一輛天藍色的金龜車正被出清、特價，當下我們對看一眼，就知道我的第一部車必須是它。我的外公在我七歲的時候就過世了。雖然和他只有七年相處的時間，但他的雙臂曾經是在我心中最溫暖、安全的避風港（尤其是我們背著外婆偷偷去買糖果被發現的時候）。而外公一輩子最寶貝的，除了孫子們，就是他的綠色金龜車。那輛古董車被他無微不至的照顧數十年，直到他過世，始終如新。他走後，車子早已轉手。我們一直很想他，特別是在路上看見金龜車時。當我和爸爸開著金龜車從車廠離開，心中有一份很深的感動。

練習模版微笑

那幾天忙完後，我送爸爸到機場，飛回台灣。我自己也轉身搭另一班飛機，風塵僕僕來到芝加哥。一出關，便看見一個穿著西裝的司機舉著寫著「Ms. AN-TING LIU」的白色牌子等著我。我穿著套裝、高跟鞋，挺直腰桿走到他前面。他看到我，點點頭，示意我跟他走。我們走到他的黑頭車旁邊，他為我開了門，裡頭有一杯熱騰騰的星巴克等著我。司機先生友善的和我寒暄幾句（了不起喔，這個年紀就找到有司機接送的工作！），一邊驅車前往舉辦訓練的飯店。

似乎公司來自全世界分公司的新進員工都到了，大廳裡站滿了西裝筆挺、充滿自信、用各種腔調的英文流利對談的人們。為了走到櫃檯 check in，我試圖穿過他們，四目交接時，每個人都用彷彿同一個模版做出來的專業微笑對我點點頭。我忽然有種錯覺，彷彿回到大家都穿同樣的制服、有著同樣行為規範的台灣學校裡。

我來到櫃檯，小姐親切的問我：「您也是來受訓的嗎？」

「是的。」我嘗試模仿那專業的模版微笑回應。

她點點頭，向我要了名字，接著轉身拿了我的房卡，遞給我，「劉小姐，您的房間安排在四樓，總共住十天，每天的早餐都會送到您們受訓的會場中。另外，請問您習慣看《華爾街日報》、《紐約時報》、《華盛頓郵報》還是《芝加哥郵報》？」

我頓了一下，我本來是沒有看實體報紙的習慣的（這年紀的人，誰有?!），但還是煞有介事的說：「嗯，請送《紐約時報》和《華爾街日報》。」

「好的，沒問題！」她同樣專業的微笑回應我。

拿著房卡，我拖著行李走向電梯。走進電梯，低頭看，我的房卡上寫著「四〇二一」。正要按樓層時，有一個人把原本快關起來的電梯門按開。我們四目相接，是個眼睛很大、理著乾淨平頭，穿著黑色西裝、打橘色領帶，看起來和我年紀相當的男生。

「哈囉，對不起攔住妳的電梯，我想在會議開始前上樓拿個東西。」他很有禮貌的對我說，一邊伸出手和我握手。

「喔，沒關係！我不趕時間。你住在幾樓呢？」我好像從來沒有對一個同年紀的人這麼客套過。握手之後，我又下意識的提醒自己站直、掛上模版微笑。

「喔，也是四樓！」他向我點點頭。

電梯門緩緩關上。靜默了三秒鐘後，我說：「所以……你也是來受訓的？」

「是的，我是費城辦公室的。妳呢？」

「是的，我也是，我目前是在普林斯頓辦公室。」

「普林斯頓？妳是普林斯頓畢業的嗎？」

「嗯，是的。」我認真的回答。

「什麼啊～是同學嘛！」忽然間，他好像換了一個靈魂，臉部表情完全放鬆，身體往後靠著欄杆斜站著。

「咦?!」這突然的轉變，讓我一時之間反應不過來。

這時，電梯門開了，我們一起走出去，邊走，他邊開心的告訴我他是什麼系的、以前在學校住哪間宿舍、推算出我們有什麼共同朋友……

走到他房間前，我想說聊得這麼熱絡，算是半個朋友了，便隨口說：「不如這樣吧，我們約十分鐘後電梯前碰面，一起去開會？」

沒想到，這個剛剛裝熟裝得很熱情的同學，又悄悄掛上了模版微笑，說：「嗯，我還想做一些其他的準備，還有幾通電話要打，妳還是不要等我吧！」

「喔，沒問題！」我邊說邊嘀咕，到底該裝熟還是該裝專業？總之，反正我自己也會搭電梯。我摸摸鼻子，到我的房間放了行李，又搭電梯去第一場會議地點。

換個大家都會唸的名字

會議地點是個宴會廳，入口處擺了幾張報到的桌子，我排隊領到了屬於我的名牌、電腦、公事包和厚厚的一疊資料。

「妳的名字怎麼唸啊？」發給我名牌的女生問我。

「嗯……安—婷—」我嘗試緩慢的唸給她聽。

「腌—汀—」她皺起眉頭，複述了幾次都不得法。這時，她還拉旁邊的行政助理一起來唸，大家七嘴八舌的，就是唸不出來。

這時候，我終於理解為何身旁許多原本沒有特別取英文名字的亞裔朋友，會在開始上班的時候取個「專業名字」（professional name）。比方說，一個來自中國、名叫「柳潼」的朋友，求學期間大家都叫她「Liu-tong」，但一開始上班，她便幫自己取了個新名字「Lauren」。除了省去每次都要向別人解釋的麻煩，不知為何也立即有種比較專業的認同感。

站在那些一頭霧水的女生面前，我心一橫，當下跟她們說：「我其實有個專業名字，叫做『Ann』（安），不如你們這樣叫我好了。」

「啊！Ann！太好了，這簡單多了！」一個小小的決定，竟然帶來如此皆大歡喜，「那我們幫妳把系統裡面的慣用名也改成Ann了喔！」

如此，掛上寫著「Ann」的新名牌，我莫名其妙的就此開始當了一年的「Ann」。

領完名牌與電腦之後，我把東西寄放在置物處，便走向宴會廳後方。那裡放了好幾張高腳桌，侍者遊走在人群之間，有的拿香檳、紅白酒，有的拿小三明治、小蛋糕，一個個美麗優雅的人們圍繞在各個桌子旁邊，不時發出銀鈴般的笑聲。

我從一位侍者手上拿了一杯白酒，用力的想如何融入其中。但是好像也來不及了（更何況，無時無刻的自信笑容似乎是融入的關鍵之一），所以我吞了一大口白酒，走入人群之中。

兩小時後，滿臉通紅的我，回到房間裡一頭鑽進被窩中。在被子中的我，雖然累，但卻給自己一個得意的微笑；原來，這沒我想像中的難。抓緊幾個必問的問題不斷循環：「你從哪來」、「你從哪畢業」、「你被分到哪個分公司」、「你的嗜好是什麼」、「你支持哪個球隊」，然後，再不斷「自爆」幾個自己的笑話或糗事，大家就會好像機器人一般一致的發出笑聲，然後在五分鐘內離開去另一桌之前，還會記得來跟我握手說："Very nice to meet you, Ann!"

那十天在芝加哥，彷彿一場從未停止的重金屬音樂會——從早到晚、二十四小時的強力轟炸。白天，我們花十二個小時反覆練習一個又一個的 Excel 與 PowerPoint 捷徑（滑鼠是外行人才會用的！）、不吃不睡的比賽誰可以寫出最漂亮的方程式（原本覺得這種比賽實在太變態的我，竟然在幾天後也默默的上癮了，是「斯德哥爾摩症候群」吧！）。然後，當我們無比疲累的離開受訓會場時，沒有人會直接回房間，都是去芝加哥最貴的幾間酒吧，拿出公司新發的公務信用卡，每人怒點三杯烈酒，轟轟烈烈的喝完之後，才搖搖晃晃回到房間，倒頭昏迷到隔天早上，再慌慌忙忙的沖澡、更衣、抱著電腦奔向受訓會場。

就這樣，晃眼之間，受訓便結束了，呈現半「回光反照」狀態的大家，彼此擊掌擁抱道別。而我，也就這樣在飛機上一路睡回紐約。找到被安排來接我的司機之後，又再狂睡回普林斯頓的公寓。

上工囉！

回到公寓的隔天，我的第一份工作正式開始。早上起來，就像是第一天去新學校的緊張和興奮，我穿上新的「制服」（一套精心挑選的灰色套裝加米色高跟鞋），化了妝，整理公事包，拿著車鑰匙，開著我的「小藍」金龜車上班去。

沒想到，原本應該是短短十分鐘的路程，卻因為我大迷路，開了半小時。好不容易來到辦公室，我衝下車，來到位於四樓的櫃檯。

「哈囉，妳是Ann吧？」櫃檯祕書微笑看著我。

「是的，真抱歉，我剛才迷路了……」

「沒問題，我來帶妳去妳的座位。」她露出模版微笑、站起來，帶我走入偌大的辦公室。

「我們一層樓大概三百個人，我們自己分成遠東、中東、大西部和中西部四個部分，哈哈。」她得意的介紹。

我點點頭。到達我在「大西部」的座位之前，我們經過了其中一間影印室。

「喔，對了，忘了介紹，我們公司所有的影印機和列印機，都是用『魚』命名的。」她說。

「魚……？」我困惑的複述。

「是呀！很好玩吧！像這台，是『比目魚』機、那台是『鯊魚』機、遠遠那邊那台最大的是『鯨魚』機！」

「可是鯨魚不是魚耶？」我問。

「喔……是嗎?!Ooops!太晚知道了!」她漫不經心的說。

來到我的座位，上面已經放了我的名字和照片。「就是這囉！」她說：「有需要我的話，可以撥分機到櫃檯。祝妳好運！

「謝謝！」我也送上現在愈來愈自然的模版笑容。

回頭看看我的座位，有個新的電腦螢幕、電話，還有個木頭做的櫃子，裡面還貼心的附上可以掛外套的衣架。我打開電腦，接上螢幕，打開信箱，赫然發現裡面已經有二十多封信——有的來自人力資源部，要我交這個、那個文件；有的來自電腦部門，要我設定這個密碼、那個帳號。好不容易把一些信件處理完了，才驚恐的發現原來我的第一個專案團隊已經訂了當天十點為第一個 On-board 會議。我看了看時間，十點二十分！馬上站起來拔腿奔向會議室。

一走進會議室，看見裡面已經坐了五個人：一個約四十出頭的印度裔主管、一個約三十歲的棕髮經理，還有三個看起來跟我差不多大的男生。我看著眼前這五個穿著體面的男人，結巴的說：「對不起，對不起，我是 Ann，我今天第一天上班，還不太清楚如何使用共用行事曆……」

看見我滿身大汗的狼狽樣，棕髮經理先咧嘴哈哈大笑，說：「唉，果真是個才剛被新訓荼毒過的。」

我的頭上冒了無數個問號，不知如何回答。這時候，原本裝著撲克臉的其他人，也跟著笑了出來。而且，難道是我看走眼了嗎？這些笑容，竟然一點也不像模版印出來的。

棕髮經理走向我，伸出手、握了握我的，開心的說：「我叫 Alex，其實當初第一關面試妳的就是我，妳可能忘了！」我盯著他，忽然想起什麼，說：「啊！我記得你，你是唯一在面試的時候還安慰我不要緊張、還鼓勵我表現很好的人！」

Alex 露出更大的笑容說：「妳真的表現很好啊！我們在挑要哪一個新進員工加入這個專案的時候，我還特別推薦妳！」

會議桌旁的其他人也露出認同的微笑。「嗨！我是 Ray！」這是其中一個跟我同年紀的男生，眼睛不成比例的大、理了個大平頭。「嗨！我是 Brad！」另一個男生個頭很小、滿頭金髮、聲音高得像米老鼠、有點宅卻又很陽光的揮手。「我是 Matt。」最後一個同年紀的男生，有著四處亂竄的頭髮，一半偏黑色、卻混了很多少年白的髮絲。他有著深邃、溫和的雙眼，卻最冷靜的打招呼。

最後，還沒打招呼的印度裔主管像爸爸般的溫和揮揮手，說：「我是 Sandeep，很高興有妳加入我們，Ann。」

接著，還站著的 Alex 轉身、拉出一張椅子，示意我坐下。「我知道新訓教了你們一堆規矩，但是在我們這個 team 妳可以放輕鬆，妳一定有很多還不會的，不要擔心，慢慢來，我們可以教妳。」

我放鬆了一些，坐了下來。「來，第一課，不管開什麼會，兩個東西絕對得帶：筆電和筆記本。」雙手空空的我臉又漲紅了，Alex 揮揮手說：「沒關係的，我幫妳拿了一本新的筆記本。另外，在我忘記前，第二課：不管是學東西還是教別人東西，絕對不要過度相信妳的耳朵、嘴巴和記憶力——邊說、邊聽、邊寫下來，看起來很慢，但我打包票，終究是最省時間的祕訣。」

我點點頭。於是，接下來的一個小時，Alex 完全放下他原本手邊的工作，緩慢的解釋給我聽：

這個 project，是公司這年度數一數二大的重要專案。我們的客戶，是全世界前三大的藥廠之一，他們預計明年要推出數款非常重要的新藥，因此必須要重新評估、調配全美國業務人員的工作量與負責區域，以確保這些新藥能最有效的被推廣。

聽到這裡，我還沒意識到這專案的複雜度，自信的點點頭，表示理解。Alex 看到我的自信，自嘲的抿嘴笑了一下，繼續解釋：這間公司在全美國有上萬個業務人員，分成兩大類：「一般」（向所有科別醫生推銷）與「特定」（向專門科別的醫生推銷）的業務員。「一般」業務部門下面，有分「AB」組與「CD」組；「特定」部門下，則有分「CV」（心臟相關）與「RESP」（呼吸道相關）兩組；最後，還有一組不屬於「一般」或「特定」的「E」組人員，可以彈性分配在各部門，但是有數量限制。每個部門也有分業務員、地區經理、地域總經理和部門總經理等職位，可以負責的工作量與地域範圍各有不同。

聽到這裡，我的頭已經開始微微作痛，接著 Alex 繼續說：至於該如何分配業務員，我們要考慮的因素有很多，包括「歷史銷售量」、「未來預估銷售量」、「交通距離與方便性」、「銷售員考核成績」、「當地醫生密度」……每個因素，都要嚴謹的定義、蒐集大量的數據、分析、綜合比較……

正當我已經覺得暈頭轉向的時候，Alex 最後補上一刀：那些都還不是最難的。有對的軟體、好的電腦，數據分析都是可以處理的，麻煩的是這牽扯到全國銷售員接下來幾年的工作利益、上下屬的關係、公司內部的政治，導致我們的「遊戲規則」必須不斷的依照客戶的要求修改。而且，每個數據點都是一個人員的命運，所以我們可以允許的誤差值是零，不然很可能就會害客戶吃上官司。

「所以，每次客戶打來，大概又是我們熬夜、假日加班的曼妙時刻了。」Alex 自我解嘲的作結。

「妳要不是最衰、不然就是最幸運的新進員工了。」原本在旁邊做自己工作的 Matt，默默的加上這一句。

在會議室「紮營」

一般來說，員工都是在自己的位置工作，只有開會時會去會議室，但是在忙碌的「非常時期」，整個團隊會乾脆長期「駐營」在某間會議室裡，以方便隨時開會。從我第一天上班開始，我便進入了「駐營」狀態，幾乎從未回到我的座位（旁邊的同事甚至還問：「這位新進同事是辭職了嗎？」），維持了整整半年。每天，我跟這五個男同事共處一室，不僅原本的客套馬上被磨得一乾二淨，連大家的身家背景、癖好、口頭禪，都在最短的時間被我摸索清楚。Ray 是埃及裔美國人、Matt 是英國裔美國人、Brad 與 Alex 呢……根據他們自己所說，就是「乖乖牌猶太男孩」。不知不覺間，我講話的聲音好像愈來愈低、打扮從原本的套裝、濃妝，變成褲裝、素顏。

公司規定如果一天工作超過十二小時，晚餐就是公司出錢。每一天晚上七點左右，我們都會不約而同的、哀怨的抬起頭，看看彼此說：「又要被請了嗎？」為了娛樂自己，我們把附近所有的餐廳列在白板上，接著每天用一種不同的方程式，計算出我們那晚該叫什麼晚餐。

那幾個沒日沒夜工作的月份，我雖然和這幾個同事變成莫逆之交，但也時常感到很深的罪惡感，因為我們的工作時常是環環相扣的，所以許多時候，只要我的環節（雖然是最簡單的環節）還沒處理完，其他人也只能在旁邊枯等，甚至常常被拖到需要加班。有幾次，我偷偷跟 Alex 說，我覺得身為一個菜鳥，大學時學的又不是相關科系，總是這樣拖到其他人的時間，很不好意思，我很

願意加班，但是不是能夠請他先代為處理最重要的幾個環節，我先在旁邊看著學，才不會麻煩到其他人？

Alex 看著我，笑著說：「Ann，當初知道有個新人要加入團隊的時候，我們就知道妳會需要時間學，我們早把這些時間成本都估算進去。如果我幫妳做，現在可能省個幾分鐘，但對公司來說，妳只是延遲精熟、拖延未來更多其他人的時間。妳最能夠幫我們省成本的方法，就是繼續拚了命的學！」

聽了這番話，我很感動——真的，要感謝給你第一份工作的人。那之後，我好像找回剛上大學時那種必須奮力彌補劣勢的無比衝勁。只不過，有一段時間，我為了拚速度，總是在做完一個任務時便迫不及待的寄給整個團隊，但是因為忽略了「品質檢查」（Quality Check），總是讓夥伴找到一個又一個的小疏失——某個字拼錯啦、某個頁碼跳過了、某個字體不一致啦……。一開始，我總是覺得這些錯誤好像無傷大雅，反正改一改不就得了，速度比較重要，也很得意我的速度不斷在提升。

但有一天，Alex 又把我叫去，告訴我：「Ann，妳知道，我現在每次收到妳超級火速寄過來的檔案，不但沒有鬆一口氣，反而會開始緊張，不知道哪些小細節又錯了、我又要如何找出他們。我知道妳很用心在想辦法提升效率，但是品質的重要性高於一切——妳遲交報告，但有超高品質，客戶很可能會原諒妳。但是就算妳提早交報告、品質卻低落——縱然是小疏失，都有可能嚴重損害妳的可信任程度，這樣的『效率』反而是幫倒忙！」

我認真的聽 Alex 說，很感激我學到這重要的一課，因為每一個錯誤，之後都需要更大的力氣去

品質的重要性高於一切——遲交報告但有超高品質，客戶有可能原諒你；提早交卻品質低落，可能損害可信度，這樣的「效率」反而是幫倒忙！

修正、去道歉，賠上的還是最難重建的信任，成本其實更高，那何不在交出去之前，多花個幾分鐘檢查一次呢？

天使與魔鬼的交戰

那之後幾天，某天早上，我一如往常的走入我們「駐營」的會議室，卻看見 Matt、Ray、Brad和 Alex 緊張的圍成一團，盯著電腦螢幕看。

「怎麼了？」我困惑的問。

「慘了、慘了……我竟然之前沒有發現……」Alex 說：「昨天我們把那份初期研究報告寄給客戶，今天早上馬上收到他們上層憤怒的 email，說這份數據有很多不合邏輯的地方，還一一點出來。我看了以後，發現的確是……但是我們的計算方程式出了問題，還是原始數據出了問題……他們說中午就要答案，真的是……」

我驚訝的看著大家，我們怎麼可能會犯這麼大的錯誤呢？不管如何，我也趕快坐下來，一一檢查我們的檔案……。半個小時後，我忽然感到背脊一陣涼意。我瞪大眼睛看著螢幕，發現幾天前我所負責的一個小環節，簡單說就是把數據從一個軟體轉換到另一個的過程中，有兩列數據起始點差了一格

（也就是說，原本小明是一號、小強是二號、小光是三號，現在檔案顯示的是小明沒有號碼、小強是一號、小光是二號……）。雖然是這麼小的誤差，但是這份數據送出去後，所有骨牌效應的計算完全錯誤。顯然，當時大家覺得這麼簡單的任務，不可能出錯，所以也沒有特別檢查。

那時候的我坐在電腦螢幕後面，用餘光看著依然緊張的在尋找問題根源的其他人，臉上的血液好像一滴滴的流失。我掙扎著，是該老實告訴大家我是這大災難的罪魁禍首呢？還是假裝天真、繼續默默的跟著大家一起緊張？

雖然我一直自詡為一個品格還算端正的人，但是在那當下，我腦中的天使和惡魔真是吵得不可開交。假裝天真，好像是比較簡單的做法……。就算最終被其他人發現了，也可以瞪大眼睛說聲對不起，下次不會了，好像就可以交差了事。如果承認錯誤，這季的員工評鑑報告就快出來了，一定會大大扣分，甚至影響到年終獎金……

在座位上掙扎了五分鐘之後，我把腦中的對質靜音，問自己：「就團隊的共同目標而言，哪種做法才是最有利的？」答案雖然馬上清楚浮現，我還是靜默了一分鐘，才好不容易擠出了一些勇氣，清了清喉嚨，說：「大家，我想我找到了問題。」

會議室裡所有人猛然的暫停工作，所有目光聚集在我身上。我用力吞了吞口水，說：「是我這裡出了一個錯誤。來，我來投影給你們看……」

我把我的電腦螢幕投影出來、講解給大家聽，大概只花一分鐘的時間便解釋完畢。大家聽完之後，安靜了五秒鐘，但對我來說，好像是一整天的時間。這時候，換原本坐在我對面的 Alex 清了清喉嚨，說：「Ann，看著我。」

原本臉漲紅、頭低低的我，抬起頭看著他。

一抬起頭，Alex 和所有其他人都認真的看著我。Alex 說：「Ann，妳剛剛做的，是一件非常對的事。我們需要為了團隊利益而願意承認自己錯誤的人。妳做的，真的太棒了！」

我不敢相信自己的耳朵。轉頭看看其他人，沒想到他們甚至煞有介事拍起手來。Ray 說：「每個新進員工都會有這個 moment，這是我們非常重視的文化！」

Matt 接著說：「知道錯誤在哪裡，就可以解決了，那我們分配一下工作，中午寄給客戶一個修正報告吧。」

三分鐘之內，我們分配完工作；不到一個小時，修正報告就完成了。那天，我心中充滿了震撼。原來，這是文化；原來，這是效率。

邊唱邊跳寶萊塢

這個專案的尾聲，是一個在洛杉磯的客戶全國幹部會議。在會議之前，我們團隊的工作量變本加厲，每天從早上七點半工作到半夜，假日也全都在公司度過。有一天晚上，Alex 家裡有急事請假，但是我們隔天就必須把洛杉磯會議的重要資料寄出去，卻因為客戶臨時加了某些重要數據，必須重新計算、設計整份報告。偏偏在這個時候，因為數據量實在太大，壓垮了原本的系統，整個團隊搞得人仰馬翻。已經半夜一點了，不得不打電話叫 Alex 連夜來公司幫忙處理。

Alex 趕來，跟我們忙了兩小時之後，大家實在太累，所以我便自願留守，讓大家回家睡幾個小時再回來。大家都累得也不再客套，紛紛離開，相約早上七點再進公司。但主管 Sandeep 堅持不離開，我跟他說請他回去休息，他說：「不要管我，我要留著就是了。」

其實，當時剩下的工作是相對初階的，根本不需要 Sandeep 留下來。但是他怡然自得的坐在我旁邊，拿起他的 iPad，帶起耳機，看起他收藏的寶萊塢電影。我知道他不是沒事非要半夜在公司看電影；他是在陪我。Sandeep 的年紀和我爸爸差不多，他坐在我旁邊，雖然也不插手我的工作，但卻真的讓我有種安心的感覺。

一個小時後，我的頭已經開始暈眩，但工作還是得做完，忍不住趴在桌子上嘆了口氣。Sandeep 拿下耳機，看著我，說：「Ann，妳看過寶萊塢電影嗎？」我說：「有啊，我最喜歡『三個傻瓜』。」Sandeep 開心的說：「啊！我的 iPad 裡剛好有這個原聲帶！妳等等……我把它叫出來……」

幾分鐘後，Sandeep 開始用他濃厚的嗓音，跟著原聲帶唱起一首又一首的寶萊塢歌曲，甚至還站起來跟著一起跳。一邊跳，還調皮的跟我說：「Ann，妳不要管我，這樣妳可就睡不著了吧！」

我忍不住咯咯笑出來。多麼可愛的上司，縱然要熬夜工作，有他陪我、還努力的娛樂我，真的也是種莫名的幸福。

終於，十二月時，我與幾位同事飛到洛杉磯，替客戶高層主持一連兩整天的策略會議。全國的幹部都來了，手上全都拿著我們寄去的資料。而我，遊走在各個會議之間，忙著回答每個問題。來到第二天的尾聲時，客戶的高層負責人之一忽然趁休息時間將我拉到一旁，問：「妳在這裡上班多久了？」我尷尬笑了幾聲，回答：「五個禮拜。」「五個禮拜？我以為五年！」她驚訝的回答，「我一定得告訴妳的主管，妳的表現太優異了！」

說完，她淘氣的眨眨眼，走進會議室裡，跟 Sandeep 說：「我可以跟你單獨說說話嗎？」只見 Sandeep 馬上與她走出去，原本緊張的想是否發生了什麼問題，但邊聽她說，Sandeep 也逐展笑顏。而

與同事慶功

我，偷偷在會議室裡向外觀望，第一次在職場上感到如此驕傲。

那之後幾個禮拜，我收到了我的第一份加薪通知。

大轉彎

完成了工作生涯中第一個、卻也是最大的專案之後，我好像也經過了「成年禮」，在公司中真的被視為「大人」。

以前，我必須等著上司指派工作給我；現在，有好多個主管希望我去他們的專案，我還可以自己挑選。

以前，去與客戶開會時，都是主管去而已；現在，主管甚至會交派我一個人去，和客戶的高層對談。以前，公司的各樣社交活動，我總覺得格格不入；現在，不管是在五星級飯店、在豪華遊艇，甚至是把整間美術博物館租下來開派對，都會有同事特別邀我一同去……

這麼多的「終於」，我卻無法解釋，為何我每天早上起床的動力一點一滴快速的流失。

二月的某個禮拜一早上，我如常起床、梳洗、化妝，準備去公司時，手機忽然開始大響。我困惑的想說，誰會在這個時候打給我呢？一接起電話，另一頭傳出新經理 James 焦急的聲音：「Ann，妳在哪裡？再十分鐘客戶會議就要開始了，妳在哪裡？」

「客戶會議?!」我驚訝的回：「那……那不是下禮拜嗎？」

「怎麼會是下禮拜？是今天啊！而且是在他們公司，車程要半小時，妳不會還沒從家裡出發吧？」

「啊……啊……真的非常抱歉，我忘記了，上週五下班時又忘了跟您確認……我現在馬上過去！」我愧疚得快哭出來了。

但是 James 冷冷的回：「算了，妳趕過來也不能做什麼。Ann，我非常驚訝妳會忘記，這不像是妳會犯的錯。我對妳非常失望。」

掛下電話，我無法解釋，為何龜毛又完美主義的我，會允許自己忘記如此重要的會議日期？

又過了幾週，有一天，我在公司的餐廳與同事一起吃飯，大家熱絡的拿著一張名單指指點點、七嘴八舌討論著上頭的每個人。側耳聽了一會兒，我實在聽不出來他們在興奮什麼，便開口問：「欸，到底是什麼事情啊？」

同事們驚訝的轉頭看我，彷彿我是個外星來的生物。過了幾秒鐘，其中一個人終於說：「今天公布了秋季升遷名單，還有新的年終獎金評比標準啊！妳不知道嗎？」

我當然有收到那封寄給全公司的 email，但收到的當時卻完全沒有多想什麼，很快的略過去。看著同事們不可置信的臉，我無法理解的是，為何，從小到大都習慣、甚至享受競爭環境的我，面對這些升遷、加薪、年終獎金等獎勵與評比——這是我新環境中最重要的生存遊戲規則啊！——我卻完全無感？

那時，我的心中有兩股力量拉扯著：一股力量告訴我，年輕人該好好惜福、好好的在公司裡蹲著、累積能力、有所交代，也才是負責任、認真的表現，可以讓父母安心、早點成家，甚至退休享受。更何況，這年頭，一個外國人能在美國找到一份這樣的工作，多不容易！有許多前輩抱怨我們這一代是草莓族，承受不了壓力，喜新厭舊，而愛面子的我，打死不願意成為一顆草莓啊！

然而，另外一股力量不斷的質問自己：妳到底為什麼想要這份工作？跳出NGO舒適圈的初衷或許沒有錯，但是否，妳也開始沉浸於同儕認同、羨慕的神情之中？如果妳留下來，是因為妳真的想要貢獻、想要卓越，還是因為妳厚厚的薪水袋，以及妳和朋友吃飯時可以拿出來刷的那張帥氣公務信用卡？學生時代努力這麼多年得來的知識和使命感，難道最大的用處就是替大公司想辦法賺更多錢？甚至，我這樣的勞力真的值這麼高的薪水嗎？

每每有這樣的拉扯，我都有很深的罪惡感：我知道失業率有多高，我知道有多少的運氣、資源，讓我今天可以站在這個位置，而我竟然還想東想西，成天抱怨？因為這樣的罪惡感，也因為這些問號慢慢占據我的心思，我開始學會放空：開車上班時、中午吃飯時、開會時、下班回家時，我總是逼著頭腦停止快速運轉、趕緊在有任何想法時抽離現實。

墮入夜夜笙歌

慢慢的，我不只放空，我開始用大量花錢、出遊來滿足自己的莫名空虛。明明下班已經很晚了，我還是堅持開車到百貨公司，買雙三百美金的鞋子才甘心。每一次和朋友出去，我非得要請整桌的人吃飯、喝最貴的酒，當我把信用卡刷下去，當朋友露出開心的笑容、說：「最喜歡和 Ann 出來玩了！」彷彿那種空虛感可以短暫的消失無蹤。

這樣的刺激感，好像吃毒品一樣，不僅會上癮，而且必須愈來愈激烈，才能達到原本的效果。持續負責普林斯頓地區專案的我，並不用常常回一個小時之外的紐約辦公室，但是我總可以東找個理由、西找個問題回到紐約。每次回紐約，走出中央車站，穿著美麗的套裝與高跟鞋，跟著人群走到中城區的辦公室，順手熟練的買一杯星巴克，拿著識別證「嗶」一聲進入摩天大樓，嘴角總可以掛著一抹「我屬於這裡」的成就感。

一進辦公室，我就開始傳簡訊給那一大夥也在紐約工作的朋友。下午，趁主管不在，先溜出來跟朋友去韓國城做全身指壓按摩與指甲彩繪。然後，再趕到聯合廣場旁邊，和另一群在顧問業的朋友享受一個人一百美金起跳的創意法式晚餐。接著，搭地鐵直往上西城衝，來到哥倫布廣場附近一個在《紐約時報》工作的學長的升遷派對。一進去，震耳欲聾的音樂、談笑聲，還有學長在華爾街工作的室友忙著介紹我認識其他人。環繞一圈之後，發現沒有一個人不是從常春藤學校畢業的，這圈子真是令人開心的小！我們彼此聊著共同朋友的故事，喝著學長特別買的陳年紅酒，我紅著臉，靠著牆、微笑著。在那短暫的時刻，我覺得找到了我所歸屬的位置。

晚上十一點，我離開派對，搭上地鐵，來到布魯克林區的威廉斯堡，一個與曼哈頓截然不同的前衛、藝術、頹靡、自在的氛圍。依然微醺的我憑著記憶，找到了那祕密的鐵門，一打開，鑽進一個專賣熱帶調酒的酒吧，明明就在室內，卻種滿了小椰子樹、地板也鋪滿了沙子。長形酒吧底端，一個我高中時就認識、後來去讀柏克萊大學、再搬來紐約讀哲學博士的朋友看見了我，用力揮手叫我過去。我加入了他那群從未見過的朋友，整群人馬上可以互相開玩笑、稱兄道弟、左摟右抱，彷彿是前世便相識的摯友。那之後，我們回到了朋友原本是工廠改建成的公寓，公寓裡掛著一幅西藏國旗，還有另一排好喝的紅白酒……。隱約，朋友的室友房裡飄出一股股大麻的味道，和陶醉的聲音……

隔天早上，我在朋友的臥室裡睜開眼睛，房間裡只有我自己。我走出房門，看見客廳裡一大群人睡得東倒西歪，不省人事。而我隱約記得前一晚跟他們一夜狂歡，卻認不出任何一個人的臉。我轉過身，走進廁所，沖了澡、洗了臉、刷了牙，又回去房間睡覺。再一次起來時，已經是傍晚。其他人都走光了，朋友忙著「收拾殘局」。而我，趕著換衣服、跳上火車，回去公司把禮拜五翹班沒做完的工作趕完……

而隔天，另一個「藍色星期一」，另一個重複的循環。難熬的一整週，還好有每個禮拜五晚上的狂歡和週末的精力發洩，做為支持我整個禮拜的動力。

就這樣了嗎？

就這樣，一個月、一個月的過去。有一天，同樣來自印度、在 Sandeep 調職後接替的主管 Ajay 看完我做的報告之後，猛然抬起頭、板著臉對我說：「Ann，妳不屬於這裡。」

我嚇了一跳，以為報告出了什麼重要的問題。看到我緊張的樣子，Ajay 爽朗的大笑幾聲說：「不要緊張，妳的報告做得很好！顯然，妳是我們這批年輕新雇員中最聰明的其中之一。我現在跟妳講這個，公司要是知道了大概會把我宰了。」

「為什麼你知道我不屬於這裡？」我問。

「我也不知道，但從妳第一天進公司我就有這樣的感覺。就聽我這句話，妳很棒，公司也很棒，但妳不屬於這裡。回去想想吧！」

那天晚上，我開車從公司離開，經過每天回家都會經過的一盞紅綠燈，但那天的紅燈卻彷彿等得特別久。邊等紅綠燈，我卻莫名的紅了眼眶。那一刻，我意識到，再怎麼說服自己，我真的無法享受這些我理當享受的一切，無法否認心中的空虛。「就這樣了嗎？」當綠燈亮起，我感慨、卻又無力的問自己這個問題。

10

回台灣的路：捲起袖子，成為改變的起點

Teach For Taiwan envisions a Taiwan defined by positive creativity,

...where leaders in all sectors - government, business, education and agriculture – make social responsibility a top, actionable priority.

...where young graduates entering the job market can find the same prestige and professionalism serving a struggling village in Taitung as working in Taipei 101.

...where the measure of success is no longer only how much good we earn, but also how much good we generate.

Teach For Taiwan 的願景，是一個充滿正向創造力的台灣：

讓來自各大領域的領袖——不論是政府、商界、教育、農業——都把社會責任做為最重要的目標之一，且付諸行動。讓剛踏入社會的年輕人，不論在台北 101 大樓裡上班，或是在台東的弱勢社區服務，都能得到同等的尊重和貢獻同等的專業。讓成功不再單是用獲得多少好處來定義，而更能以能創造多少好處來衡量。

讓我暫時時空抽離，回到還沒開始工作、大學畢業沒多久之前。

有一天我尋常的走入學校餐廳，打了菜，走到座位區，看見一位一段時間沒碰面的朋友對我興奮的招手，我開開心心的走到他對面坐了下來。我們聊了很多：感情狀況、論文進度、八卦小道消息，當然，還有找工作的進展。「喔！我今天才收到通知，我錄取 Teach For America 了！」他高興的宣布。

Teach For America 是我們二十三年前畢業的學姊溫蒂（Wendy Kopp）創立的組織，專門招募、培訓有使命感的青年進入偏鄉學校進行兩年的教學。現在，它是全美國最成功的非營利組織之一，也是最吸引大學生的出路之一。那年，有五萬人申請，錄取五千個，跟上哈佛一樣難——所以我當然大大的恭喜這個朋友！真的不簡單！

不過，朋友接下來說了一個有趣的小故事：「妳知道，快二十年前，我叔叔即將從哈佛畢業，也錄取了 Teach For America，開心的跟我奶奶說：『媽，我要去偏鄉教書、對抗教育不平等！』我奶奶二話不說，一巴掌就往我叔叔後腦杓打下去說：『我辛辛苦苦培養你到哈佛，你做這樣的工作配得起你的身分嗎？』最後我叔叔還是去了，只不過差點鬧家庭革命。但是今天，我同樣跟奶奶說：『奶奶，我要去偏鄉教書、對抗教育不平等！』，我奶奶竟然回：『哇，乖孫，你真棒！我好以你為榮！我要跟隔壁的太太說！你真是國家未來的希望啊！』」說完，我們兩個都忍不住噗哧笑了出來，好個差別待遇。

吃完飯回到宿舍後，我又想起朋友的這個故事。雖然我不是美國公民，沒有申請 Teach For America 的資格，不過我設想若是我可以申請、而且真的錄取了，當我告訴台灣的長輩時，他們的反應會比較接近朋友奶奶二十年前的，還是二十年後的？沒有花太多時間想，我就意識到答案絕對是前者。

Teach For Taiwan 萌芽

意識到這點的時候，我的心情有些沮喪。在那個時刻，我發覺，即使 Teach For America 的某些做法我並不完全認同，但這二十年來，他們確實達到了一個非凡的成就，也就是間接帶領所謂「主流」價值觀的轉變：原本是一份幾乎沒有人要做、認同的偏鄉教學工作，變成一份大家搶著要的「好」工作。這份工作的內容完全沒有改變，但是大眾對於「成功」的定義開始改變了。

但即使沮喪，現實依然讓我無法馬上接受這樣的價值觀。當我自己和在台灣的同學都拚了命想在景氣低迷的情況下搶個可以立足的工作，我卻在心中嘀咕：為何我身旁這麼多同學，反倒擠破頭想要用最精華的兩年去最偏僻的地區當老師？他們不是找不到其他的工作，也不一定是教育背景出身，更不是家財萬貫……為什麼？為什麼這群有能力、有選擇、對自己有高期待的年輕人，會想跑去偏鄉做老師？

不過就幾個月後，當我每天上班就開始盼望著下班，而且恨不得能不談工作就不談，而那群「為美國而教」的朋友們，總是心甘情願的加班、口沫橫飛的說著工作的淚與笑。即使我領著比他們多兩倍的薪水，我意識到，真正該回答「為什麼」的是我。

我的心情，從原本的沮喪，到羨慕、到激動。如果，我們台灣的孩子，在思考該投注自己的精力在哪裡的時候，不用被狹窄的成功定義壓著走，而可以更自由的、更真實的去思考如何找到意義、發揮自己的最大影響力呢？我窩在自己的房間裡，想著若是台灣也有個 Teach For Taiwan，該會有多好？

邊做著白日夢，我邊拿起筆，假想若我想創立 Teach For Taiwan，我的願景會是像這樣……

Teach For Taiwan envisions a Taiwan defined by positive creativity,

...where leaders in all sectors - government, business, education and agriculture – make social responsibility a top, actionable priority.

TEACH FOR TAIWAN

為台灣而教。

…where young graduates entering the job market can find the same prestige and professionalism serving a struggling village in Taitung as working in Taipei 101.

…where the measure of success is no longer only how much good we earn, but also how much good we generate.

Teach For Taiwan 的願景，是一個充滿正向創造力的台灣：

讓來自各大領域的領袖——不論是政府、商界、教育、農業——都把社會責任做為最重要的目標之一，且付諸行動。讓剛踏入社會的年輕人，不論在台北一〇一大樓裡上班，或是在台東的弱勢社區服務，都能得到同等的尊重和貢獻同等的專業。讓成功不再單是用獲得多少好處來定義，而更能以能創造多少好處來衡量。

就這樣，這個白日夢開始慢慢在我心中萌芽。

兩條平行線的交集

巧合的是，差不多同一個時候，在我打電話回台灣時，聽見多年投注在偏鄉課輔的父母提到關於師資嚴重缺乏的問題。「很奇怪，流浪教師這麼多，但是願意投入偏鄉教育的人卻打著燈籠都找不到。即使找到了，也常常心不在此，很快就離開了。來來去去的人，對孩子不僅沒有幫助，甚至可能是種傷害。」他們無奈的說著。

「其實，這個狀況不是只有台灣有，在美國這裡也有啊。」電話另一端的我試著提供一些安慰。

「真的嗎？」爸媽驚訝的回：「那他們有什麼解決的方法嗎？」

「嗯……有耶！我們學校二十多年前畢業的一個學姊，在畢業隔年創立了一個叫『為美國而教』的組織，每年募集優秀的大學畢業生去偏鄉教書。現在他們非常成功，每年都送好幾千個年輕老師出去。其實，我常常想，台灣要是有『為台灣而教』，該有多好！」

原本只是想提供一些靈感給努力嘗試解決這個問題的爸媽，沒想到他們彷彿在海上漂流許久，終於找到一根浮木，用力緊緊抓著不放。那天晚上，他們興奮得一個晚上都睡不著，捧著電話和我討論了三、四個小時。結束時，他們激動的囑咐我，一定要想辦法把這麼棒的資源引進台灣。「Teach For Taiwan! 我們可以為台灣而教耶！」昏昏沉沉的他們在掛掉電話前還開心的補上這句。

原本只是把 Teach For Taiwan 當做個人幻想的我，愈聽他們說，愈感受到一股莫名的、前所未有的使命感在心中油然而生。當下，我無法具體的描述那份使命感到底是什麼，只知道我有很強烈的動機想要更了解狀況，想讓爸媽更了解 Teach For America 的構想，也想知道我這二十多年前的學姊溫蒂，會不會願意對台灣伸出援手？

所以，接下來的兩個多月，我嘗試透過各樣想得到的方法——教授、學長姊、校友通訊錄、官方網站、Facebook——竭盡所能的想要和溫蒂，或至少是他們負責支持國際夥伴的部門連上線。當時的我，尚未有想要參與成立 Teach For Taiwan 的想法，而只是單純的希望幫台灣爭取到多一點資源，讓其他更有心的人有這個機會。

在一封封 email 都石沉大海之後，終於，我在一次校友活動中碰到一對很久不見、剛結婚的學長姊，兩個人都剛被 Teach For America 總部挖角。一聽到 Teach For Taiwan 的想法，他們馬上阿莎力的答應幫忙聯繫。學長帥氣力挺，果然不同凡響。不到兩週，我便收到 Teach For All 組織主管中東與亞洲的部門負責人R的回信，邀請我和她對話。那是二〇一二年的十一月。

在那之後，我單獨和R及她的團隊來來回回開了很多次的會議，談論的話題從如何招募、募款、篩選、培訓等等林林總總，更聊了許多亞洲會員組織不同的做法。二〇一二年底，我短暫回台灣過聖誕假期，帶著爸媽以及他們的課輔團隊與遠在杜拜的R視訊開會。大夥的英文不是頂尖，但是事前也都和我開會多次，對於 Teach For All 做了不少功課，而且也寫好了英文自我介紹和提問，你來我往的和R談論在台灣創辦 Teach For Taiwan 的可能性，R也非常熱情的回應大家所有的問題。

兩個小時的會議結束後，大家都雀躍不已，R也特別寫信鼓勵我們，看來 Teach For Taiwan 的確有做起來的可能！只是，我即將收假返回美國，其他夥伴也都忙著做原本的課後輔導工作，這東西到底該由誰來做呢？

在那次與R開會過後不久，我剛結束假期回到美國，嚴長壽總裁創辦的「公益平台基金會」與方新舟董事長帶領的「誠致教育基金會」舉辦了一個「偏鄉課輔創業家」的營隊，邀請全台灣約十六個在偏鄉課後輔導領域努力的團隊參與。當初與R開會的夥伴，也很幸運的受邀參加。

那次營隊中，好巧不巧，其中一個不斷被討論到的問題，正是偏鄉師資的缺乏。夥伴們無比興奮的和大家分享熱騰騰的 Teach For Taiwan 構想，馬上吸引各個偏鄉教育工作夥伴的興趣，大夥甚至也在營隊之後還多次開會討論。愈來愈多的動力與火花，卻也面臨了同樣的問題——到底，該由誰來做呢？

先蹲下來，做功課

那時，已經回到美國的我，聽到這個「不知誰來做」的瓶頸，思考了很久。「不可能是我」，我想。但，該怎麼說服大家來做這件有意義的事呢？我惡補了各樣的「談判法」、撰寫了嘔心瀝血的企畫書、用力寫信「騷擾」我認為可能可以來帶頭做 Teach For Taiwan 的各個前輩、企業、基金會。卻始終起不了作用。

到底，問題出在哪裡呢？

我靜下心，拿出一次次開會的筆記不斷的翻，發現我雖花很多時間溝通，卻浪費大多數的時間在「說明」美國的做法和「釐清」台灣的需求，而不是真的建構一個在台灣可行的方案。我慚愧的發現，在我們對於這個新構想如此興奮的同時，卻從最重要的功課上分心：釐清動機（Why）、傾聽需求（What）——沒有 Why 和 What，一味的談「解方」（How），或許就像我激動的說服大家「如何」爬聖母峰，卻不知道我們「為什麼」要爬，或甚至聖母峰到底是「什麼」——長什麼樣子、有什麼東西，那麼沒有人想要跟我去爬，也是理所當然的。

所以，我決定先暫時把「誰來做」的問題擺一邊，好好延伸我當「顧問」的角色，幫助我的「客戶」了解，這頭那麼多人從不同角度摸到的「大象」，到底長什麼樣子？

有趣的是，當我們把「非做不可」的假設拿掉，願意參與了解的人反而愈來愈多。除了公益平台的志工，還有同樣對於社會創新有熱情的「社企流」團隊，也有來自政治大學的教授與一群同學。就這樣，我們決心以接下來半年的時間，分頭研究——前面六週，由我統整「為美國而教」的重要元素，幫助大家了解美國與全世界仿效的各國做法的異同處；同時，在台灣的夥伴蒐集各樣資料、實地訪談在偏鄉長期耕耘的教育工作者。六週後，換他們每週分享他們持續的研究成果，也根據這些了解，我們不斷的修改在台灣可行的方案，也不斷把我們的方案交給我們的訪談者檢視。在這樣來來回回的過程之中，這頭大象的樣貌愈來愈清晰。

我們一方面踏實的發掘「偏鄉教師荒」是真真實實存在的問題，另一方面也驚恐的發現，這個需求遠比我們先前想像的來得大——缺老師的，不只是「體制外」的教育機構，還有「體制內」的公立學校。這樣的發現，顛覆了大多數人的想像：我們以為每年辛苦到處甄選的「流浪教師」這麼多，怎麼可能還會有找不到老師的問題呢？

但實地走訪之後才確實發現，絕大部分的偏遠國小在招老師時，一招、二招、三招、四招……有的甚至到九招、十招都沒有辦法找到老師。即使學校開學了，還有許多孩子坐在教室中，講台上卻是沒有老師的。有時候就算找到老師了，一旦找到條件更好的工作，即使學期還沒結束，都可能半途離開。①

訪談過程中，有一位台南的校長，描述他剛調到學校的第一年，全校上上下下只有一位打定主意在那裡退休的老師留著，其他所有的老師都替換一輪。另一位在梨山上教書的老師，語重心長的告訴

Teach For Taiwan 的夥伴們：陳映如、周士為、我、林普晴、王文慧。（攝影者：天下雜誌）

我們同樣的狀況——下一年，只有一位老師不會調走。另一位南投山區的校長痛心的說，有一年開學了，孩子們沒有老師。這個時候，一個宿醉、嚼著檳榔、穿著夾腳拖鞋的伯伯臨時需要收入，來應徵老師，校長「走投無路」，只能錄取他。但是，這樣的老師，不用說沒有專業，根本連教學的「意願」都沒有。有一天，校長發現這個老師把全班同學叫到走廊上排隊，好奇的問老師為什麼要這麼做，老師竟然回答，因為不知道要上什麼，只好叫學生出來透透風。校長啞口無言，好心疼孩子的教育就在這樣的過程中被妥協了。

或許，再也沒有比南投爽文國中王政忠老師在《老師，你會不會回來》這本書中描述的現象來得更貼切的文字：

最「某一某四」的，應該是整個教育體制，或者是政策為了這種偏鄉學校預備的師資。……即使沒有受過師資培訓，為了有老師可以教學生，也只好如此「將就應急」。這在沒有人願意來任教的偏鄉小校更是普遍……我不敢否定許多用心投入教育卻非師範體系出身的老師前輩們……我無法苟同的，是心態！……上班等下班，週一等週末，月初等月底，開學等期末。當然，最終的等待，是在這裡退休。師範體系不保證「專業師資」，非師範體系也不見得「敷衍了事」。這顯然無關師範或不師範，而是如果不夠具備專業與素養，又不願意精進與提升；不夠熟悉教材與教法，又不願意付出與努力；不夠了解策略與經營，又不願改變與投入，那結果會是如何？

後來，當我們面對面和王老師對談，他更進一步的說：「根本的問題不是『師不師範』、『有沒有證』，甚至不是『流動率』本身——偏鄉師資最大的問題，我真的要再一次強調，是『心態』！如果一個老師每一天用心投入教學，即使每年換一次，對孩子來說，可以是認識更多人的機會，甚至很新奇、有趣；但若是一個老師待了一輩子，卻無心教學，又有什麼用呢？」

而孩子們面對這樣無心多留的「候鳥老師」們，不僅他們自己必須頻繁的重新適應，也時常會對人充滿不信任感，更提不起學習動機。

更重要的是，當這樣的狀況發生在原本資源較缺乏、孩子們經濟或家庭弱勢狀況偏多的偏鄉學校，那麼一個孩子的出身，就愈來愈能夠決定他未來的發展機會。孩子們每天絕大多數的時間在學校裡，但教育反倒成了「富者恆富、貧者恆貧」的幫凶。

如此，研究愈深，大夥的頭腦都愈飽足，但心情上也愈感受到「如負重任」的沉重。

不過，奇妙的是，原本「由誰來做」的問題，卻也因為這份逐漸累積的責任感，默默浮現出了答案。

剛開始研究時，大家還是抱著或多或少「旁觀」或「參一腳」的心情，所以在解釋 Teach For Taiwan 時，也常常把「安婷認為……」、「安婷覺得……」、「安婷希望……」掛在嘴邊，很少大家自己的想法或熱情。

但隨著一個月、兩個月、三個月過去，當大家了解愈多，慢慢的開始很自然的會說：「我們相

老師用心教學，即使一年換一次，對孩子來說是認識更多人的機會；待一輩子卻無心教學，有什麼用呢？

信……」、「我們的想法是……」、「我們的夢想是……」——當「安婷」兩個字慢慢抽離我們的「Why」，我才恍然大悟，原來我無法用自己的力量強迫他人分擔「我的」夢想；而唯一找到夥伴的方法，是當這個夢想本身已經大於一個人的，才能容得下更多人來共同支撐。雖然這只是個看起來不起眼的轉變，但在我心中，這份感動一直迴盪著。

那六個月期間，白天，我依然每天上班、工作十二個小時。每週為了與台灣的團隊簡報，因為時差，我只能利用半夜或是凌晨的時間做研究、開視訊會議，半夜還會思考到睡不著覺，日復一日。當時，短暫來美國探望我的媽媽非常擔心，總是耳提面命的說：「安婷，不要太勉強，這樣太辛苦了！值得嗎？」

值得嗎？當時的我回答不出來，唯一確定的是，我真的無法克制自己。

來真的還假的？最後通牒

半年研究快結束前的最後一次開會，團隊給我下了最後通牒：「我們願意做，但條件是妳也得回來台灣，不然我們就解散。」

這個通牒是可以理解的：研究計畫到了一個階段性的結尾，夥伴有的必須開始找工作、有的要開

> 我無法用自己的力量強迫他人分擔「我的」夢想；當這個夢想本身大於一個人的，才能容得下更多人來共同支撐。

始新工作、有的本來就有工作。而我，既是這一切的始作俑者，如果連我都不願意踏出第一步，更不會有其他人願意同行——我知道我有責任給大家一個回覆。

就在收到最後通牒那天，我「斗膽」向公司提出希望請一整個月的無薪假回台灣，與大家一起做決定。沒想到，一向疼我的上司 Sandeep，二話不說就核准了。當天下午下班前，我便訂好了回台灣的機票，但按下「確定送出」鍵之後，我卻沒有如釋重負的感覺，反而冷汗直流，感覺頭好重、好昏，全身好像被恐懼感占領。

我趕緊收了東西，走出公司，開著我的小藍車，心想我得趕快找個地方冷靜自己。晃著晃著，車子剛好開到了普林斯頓的高爾夫球場旁。一看到這地方，便知道這是我想散步的地方。把車停好，熟稔的找到圍籬的裂縫，鑽了進去。

之所以會熟稔，是因為學生時代的我三不五時會溜來這片一望無際的清草地上閒晃。大學時候，我交過的兩個男朋友，都是在這裡和我告白的，也都是在這裡第一次牽我的手。畢業前一晚，我和一群朋友熬了一整夜，捨不得睡覺，清晨，我們搖搖晃晃來到高爾夫球場躺著看日出。太陽出來時，我們依偎在一起，又哭又笑的。

我一向喜歡這高爾夫球場，是因為它離主校區有一點距離，所以絕大部分的時候，這裡都空無一人。但是這片綠，背景襯的是哥德式的老城堡（普林斯頓研究院宿舍），另一邊是更深綠的樹林，場上，還點綴著一棵棵的櫻花樹。那天，櫻花正盛開，滿片粉紅配上春意盎然，令人醉心。

我選了一棵櫻花樹，躺在下面，閉上眼睛，聽著鳥叫，享受春天剛剛放暖的陽光。遠方，傳來通往普林斯頓的老火車的嘟嘟聲。我心中忽然閃過一絲想法：如果，我真的搬回台灣，真的要離開這個如此美又充滿回憶的地方，該有多難？

原本想用紙和筆寫下當時的心情，身旁卻只有手機。我索性拿起手機，錄下十三分鐘的自白。

我常常問自己，到底為什麼被帶領來普林斯頓，為什麼我甚至在畢業後還留在附近工作……我想對未來的自己說，我現在正坐在一個十字路口上，我即將畢業滿一年，我即將回台灣一個月，即將決定是否搬回台灣……。我一向不是一個很會擔心的人，但我依然像任何一個二十三歲的人，對未來充滿好奇和想法。或許，這次

我真的懂得擔心了……但你知道，不過五年前，我根本不可能想像五年後的自己竟然會在這裡，過著這樣的生活。或許，現在也是一樣，我不該嘗試操控我的未來，因為我根本還無法想像五年後的自己。……給未來聽到這錄音的自己，我希望妳記得，如果妳離開了這裡，這個決定是多麼不容易，但我希望妳是抱著充足的喜樂和感恩面對的……

那個晚上，我整夜睡不著，抱著電話，打給我的大學摯友哭著說：「五年前，我拚了命離開的台灣；五年後，我拚了命立足的美國。我怎麼能允許自己放棄這一切？」

回台灣，試水溫

不管如何，七月，我回到台灣一個月「試水溫」。我跟自己說，這趟旅程最少必須滿足兩個條件，我才會考慮搬回來：第一，是確定「時機」對了；第二，是確定「人」對了。

我回到台中的家，昏睡了半天後，隔天早上匆匆趕上台北，和遠從美國飛來與我會合的夥伴Danielle②開始了旋風式的「網友見面會」：過去一年之間與我開會辯論的嚴長壽總裁與公益平台夥伴們、方新舟董事長與「誠致教育基金會」、「社企流」的Sunny……短短幾天時間，我第一次和十幾、二十位「老友」碰面。見面時，陌生和熟悉交錯著——雖然是第一次見面，但之前明明每天講電話……到底該握手還是該擁抱呢？該自我介紹嗎？該交換名片嗎？——真的相當有趣，也或許是這個世代才會有的新型態團隊。

這群夥伴，在前幾分鐘的生疏之後，馬上進入狀況、切入正題：我們到底該不該繼續這個 Teach For Taiwan 呢？大家面面相覷，沒有一個篤定的答案。尤其，是對於「時機」這個議題，大家眾說紛紜，論創業環境、教育改革環境，甚至是個人發展，大家唯一的共識或許是「這是個最壞的時代，也是最好的時代」。最重要的，他們說，是我如何認定。我相信這是好時代嗎？

老實說，我真的不知道我相信什麼。沒有書本、沒有數據、沒有先知可以告訴我正確答案。既然如此，我決定用我在台灣僅有的幾週時間，最後一次親耳聽聽、親眼看看在偏鄉教育現場的前輩們的想法。

與陳爸的對話

這趟旅程，帶領我從台北、台中、台南，來到台東、花蓮。來到台東時，我背著背包，在知本站下車，借宿在「孩子的書屋」由倉庫改建的宿舍。

隔天早上，我抱著既興奮又忐忑的心情來到書屋的辦公室，準備和書屋的創辦人陳俊朗（人稱「陳爸」）碰面。

陳爸是先前公益平台營隊邀請的偏鄉課輔夥伴之一。一九九九年，原本在台北工作的他返回台東，從原本照顧自己的兩個孩子和其他社區中沒有飯吃的孩子開始，一路艱辛卻堅定的撐起書屋——一個孩子們的安全港——陪伴孩子、保護孩子、帶領孩子。最辛苦的時候，親人、朋友都離開他了，陳爸每天只能吃泡麵度日③。十多年後，他的堅持，給了一個個孩子不一樣的未來，更帶給無數年輕人追逐夢想的勇氣。簡單來說，那是種即將見到偶像的緊張。

不久，陳爸出現了。一雙深邃的眼睛，炯炯有神，豪氣的說：「安婷，歡迎、不要客氣，我帶妳去一個『祕密基地』，到那裡我們再好好聊聊。」

坐上陳爸的車，開了半小時，來到這個祕密基地。原來是一個海邊的咖啡廳，「觀光客都不知道，內行的才會來喔！」陳爸得意的說。

在那裡，我們點了陳爸推薦的小米酒冰沙（據陳爸事後說，這冰沙下肚後，我的話明顯變多），侃侃而談，聊了很多。他說了他的無悔、他的真實、他的痛苦、他的堅持。他說，教育的本質應該是孩子。他也說，一個好老師最重要、卻也常被忽略的特質，是要開朗、要樂觀、要誠實。他說，做事，要不卑不亢，不為名或利。他說，他的世代是開拓、點火者；我們的世代，當我們的迷惑到達沸點，必須是革命者。

「陳爸，如果我們真的做了 Teach For Taiwan，做為第一線的偏鄉教育工作者，你會支持我們嗎？」我問。

「支持！當然支持！妳這事情我一定是從頭支持到尾！」他篤定的說。

「為什麼？」我不死心的追問。

「因為妳是一個真的想做事的人，而不是講講而已。」陳爸說：「最重要的，是妳會『聆聽』，這很重要。」

一個下午，感覺像是聊了半輩子，卻也晃眼過了。眼前是太平洋，身後遠方是海岸山脈。離開前，陳爸問我：「安婷，現在的妳，有多少是真實的妳，多少時間自己作主？」

看我猛眨眼，卻一時回答不出來，他笑笑說：「好好想想吧！」

來到台東火車站，我租了輛車，開往花蓮。一路上，咀嚼著陳爸的話。

一位花蓮母親的禱告

沿著海，經過北迴歸線，轉入山路，來到花蓮。在那裡，有另一個多年耕耘、先前被我們團隊訪問過的組織。抵達花蓮前不久，才接到那裡熱情的夥伴之一的電話，邀請我去鄰近的國中、國小探訪之外，也「順便」辦一個和老師、家長、學生分享的交流會。

原本，聽他的口吻，我以為會是個輕鬆的、大家圍一圈聊天的場合。沒想到來到現場，才發現學校熱情的製作海報、出借最好的視聽教室、讓同學放下輔導課來參與，甚至有主任自掏腰包買了十本我十八歲時寫的《學會堅強》一書，準備給聽眾當獎勵發言的禮物。

忽然間，我覺得無比的緊張，我該講什麼呢？更何況，Teach For Taiwan 八字都還沒有一撇，面對這些真實在偏鄉生活的聽眾，會不會覺得我太膚淺、太魯莽？

當我走上講台，看見台下一雙雙認真的眼睛，也只得吞下我的緊張——拿起麥克風，我說了我當時離開台灣的理由、現在在花蓮的原因、Teach For Taiwan 的願景與希望的做法，也分享了我在法國、海地、迦納、柬埔寨得到的一些啟發。最後，也很老實的和聽眾分享我當時心情的掙扎，不知道是否該回台灣、不知道我是否把事情想得太簡單，甚至，也不知道我夠不夠格做我想做的事情。

那場在花蓮的演講，是我為 Teach For Taiwan 的夢想所講的第一場，卻也是最難忘的一場：我從未看過比他們更專注的聽眾。

分享結束後，觀眾全都湧到台前，有的希望我簽書、有的想問其他問題，更多的人是靦腆的圍在旁邊。這時，一個看起來至少七十歲的老婆婆，原本站在人群的最外層，但是奮力的開出一條路，衝到我面前。我正簽完一本書，抬起頭，驚訝又好奇的看著這位婆婆。

「婆婆，怎麼了嗎？」我問。

「我只想跟妳說，我不認識妳，但我為妳禱告很多年了！」老婆婆堅定的告訴我，「妳是神給台灣美麗的希望！我可以抱抱妳嗎？」

我既吃驚又感動，還來不及回答，婆婆的雙臂就已經環繞著我的脖子。緊緊的抱了我幾秒鐘後，她放開我，又看了我幾眼，好像看著一個鍾愛的孫女，然後帥氣的轉身，再度推開人群，離開教室。

老婆婆走了之後，有一個看起來十歲左右、缺了一顆門牙的小女生，很認真的看著我，小小聲的問：「老師，如果，我忘記初衷了，怎麼辦？」說完，她的小臉漲得通紅。我看著她，心都融化了；要對一個陌生人問一個內心深處的問題，不是件簡單的事呢！我牽起她的手，說：「不要擔心，老師也常常會忘記我的初衷，但是我都會在我記得的時候趕緊寫下來，貼在牆上，而且，我也會跟身旁的朋友分享我的初衷，這樣，如果我忘了，他們也可以幫忙提醒我！」聽到原來有這樣簡單的做法，小女生咧嘴笑得好開心，點點頭，轉身興奮的跑向她的同學們。

小女生跑走後，有一個非常年輕的媽媽，帶著她的兩個兒子，印象中，一個才中班，另一個小一，走到我旁邊。這個媽媽看起來非常的害羞，舉止講話很輕柔，但是她看著我說：「我覺得，妳是一個真正謙卑的人。」

一句話，讓我淚腺立刻啟動。她繼續平鋪直敘、但堅定的說：「我很開心今天帶孩子們來這裡。」

「謝謝妳、謝謝妳……」我只能這樣回覆她。她點點頭，溫柔的牽起她的孩子們離開教室。

當天晚上，我收到一位老師的來信：

妳好，我是鳳林國中的老師，今天要上課，所以沒辦法聽妳的演講。晚上我問了學生、家長及老師，他們聽妳的演講，收穫很多，也很感動。謝謝妳激發他們關於夢想，還有關於上帝在妳身上所做的，謝謝妳，耶和華祝福滿滿！希望有機會可以聽妳分享妳的生命，當我聽到他們分享今天的心得，妳的人生經驗感動到他們，藉由他們的敘說，我也很感動。謝謝妳！

訊息的最後，老師補上：

這是一個家長寫給我的，他要為妳來禱告：

「今天參加安婷的座談會心中真是震撼、久久不能自已。看見一個年輕的生命，如何活在上帝面前是這樣的精采。『勇敢追夢，不設限的生命』真是深深的被吸引和感動。神啊！安婷美好的生命是祢所帶領的、是祢造做的，真是棒極了！孩子為著安婷的生命向祢獻上感恩，求祢幫助這個孩子能成為祢流通的導管和器皿。神啊！祢祝福安婷的每個服事和她手所辦的都蒙祢膏抹，使她能成為這世代孩子和父母的祝福。主啊！我也為我兩個孩子的生命，能被祢帶領向祢獻上仰望，孩子真是知道唯有跟隨祢的腳步，我們的生命才有意義和價值，求祢引導他們一生能跟隨祢、服事祢、榮耀祢，聽孩子心裡最深的祈求和禱告。』」

一個媽媽為孩子、一個家長為老師的禱告——對我而言，好聽的話我聽過很多，但似乎很少比這個禱告更接近天籟。一直到現在，這份禱告依然是我所收到最高的肯定之一。

最後幾根稻草

回到台北後，我跟夥伴說，我們也該聽聽更多年輕人對於 Teach For Taiwan 的看法——總不能我們一頭熱，我們所想要號召的族群卻興趣缺缺。所以，在緊迫的時間內，我們很「兩光」的用臉書問問有沒有在台北的朋友或青年願意來跟我們聊聊。原本，我想如果有二、三十人，就已經非常了不起了。畢竟是個週間的夜晚，在一個小咖啡廳，談的是嚴肅的「教育」議題，要是我看到這樣的活動，恐怕也不太可能參加。

沒想到，那天晚上，在台大旁邊、小巷子的咖啡廳裡，湧入了將近一百個人。大家完全把桌子、椅子搬開，席地而坐。一整個晚上三個多小時的時間，暢談教育、青年社會責任、生命最終意義……最後，要不是場地即將關門，大夥還是欲罷不能。一個又一個素昧平生的朋友走到台前，有的給我擁抱，有的急著和我分享他們的故事，甚至邊說邊掉下了眼淚，有的握住我的手、為我禱告……。當下，我感覺很像進到電影中演的「武昌起義」或是「法國大革命」般的場景，那一份份熱血、一雙雙發亮的眼睛，我忘不了。

過了幾天，某個清晨，我被媽媽的驚呼聲叫醒。「安婷！安婷！妳的臉怎麼會在報紙頭版上？」我昏昏沉沉的，衝到媽媽旁邊，看見我的臉竟然比「聯合報」三個字還大。「啊？我也不知道！」我下巴也快掉下來了。過了一會，電話響了，是前幾天跟我「聊聊」過的台中地方版記者，連說不好意思，她也不知道這一小篇關於一個女生天馬行空的發想文章會被放在頭版。

當我們全家都還沉浸在震驚之中時，電話開始瘋狂的響起：來自教育署、來自企業前輩、來自電台、電視台、學校……「這件事值得做、需要妳做！」大家分別激動的告訴我。

幾個小時之後，我暫時放下電話，回到我的臥室，關上房門，閉上眼睛，忍不住開口罵了一聲髒話。不是不開心接到這些電話，但是在我心中，原本還是有一部分的自己，悄悄期待能說服自己時機不夠成熟，我可以好好的留在美國做份安分守己的工作。那時，在房間裡的我，心情很像是《聖經》中的人物「基甸」：知道需要有人去打仗，但是一直默默的希望不是自己，所以向神求幾個幾乎不可能的證據，證明非我去不可，沒想到發生的事情超乎所求所想，讓我不得不承認我得去。神啊，祢太過分了，太過分了！我在房間中苦笑著。

那天之後，我來到台北與團隊碰面，Danielle 和我約在松山機場捷運站碰頭。站在敦化北路的底端，面對著松山機場，我們聊起那個出乎意料的頭版報導，我告訴 Danielle：「這些人這麼希望我做，我怎麼能辜負他們？但是，這麼多事情還沒到位，我怎麼可以……」

Danielle 噗哧的笑了出來，說：「安婷，打從妳第一次跟我說 Teach For Taiwan 的想法，就知道妳終究會搬回台灣。妳自己難道還看不出來嗎？」

我盯著 Danielle，看著這個我認識快十年的老朋友，我忍不住蹲了下來，「唉唷喂啊，我真的好怕、好怕啊……我到底在幹嘛？我是在把我的未來丟到水溝裡嗎？我瘋了嗎？」

Danielle 拍拍我，說：「我沒有說這會是件簡單的事，但是我相信你們可以做得到的，你們必須。」

我停頓了幾秒鐘，抬起頭，發現路人紛紛對這對蹲在路旁歇斯底里的女人投注好奇的眼光。我轉回去對 Danielle 說：「如果我真的回來了，那幫助我記得這一刻，有一天，我們要一起笑這個害怕到快要中風的劉安婷。」

Danielle 大笑著，給我一個大大的擁抱。

最後的決定

回美國前的週末，我和團隊必須做出最後的決定，所以相約在溪頭的一個小木屋，希望能好好的靜下來，一起做出好決定。沒想到，去溪頭的前一天強烈颱風來襲，溪頭完全關閉，所以我們決定移師到台中，但還不確定在台北的夥伴是否能下台中。當天早上，高鐵、台鐵都停駛了，我緊張的在家中猛踱步，如果這個週末不能把大家聚起來，就沒有下一次機會了，那麼這個決定該怎麼做下去呢？

過了幾小時，很夠義氣的兩位夥伴——小黑和普普——冒著生命危險，跳上了客運，搖搖晃晃的來到了台中。在屋子裡，雖然有點矯情，不過外面的風風雨雨，好像也象徵著我們的心情。大夥一到，我便坦白的告訴他們，時機看起來是對了，但是我依然不知道有誰是「對的人」，能夠一起做 Teach For Taiwan——當時，他們三人都已經有、或即將開始其他的工作，我並不想要逼他們在八字還沒一撇的時候辭職。大家面面相覷，臉色沉重。

不過，在大家思考的同時，我們定下心，先問自己一個問題：「如果，我們必須用兩句話，總結我們想要做的事情，該怎麼寫呢？」一整個下午，把所有我們認為的關鍵字丟了出來：「改變」、「革命」、「教育」、「創新」、「未來」、「責任」、「使命」……拼拼湊湊、增增減減，最後，我們定下了這句話：「**改變，是一輩子的承諾；教育，是一世代的使命。**」

「改變，是一輩子的承諾」，因為 Teach For Taiwan 的兩年計畫，讓許多青年覺得：「好長喔！不能夠放假時再去服務嗎？」但是也讓許多教育現場的工作者覺得：「好短喔！這樣夠嗎？」其實，這兩方的拉扯，呈現了一個我們相信的價值：短期的服務可以很有收穫與意義——我自己也曾經有這麼多短期服務的經驗——但終究收穫最多的是服務者，而不是孩子們。如果，我們真的希望能在孩子身上帶來長遠的改變，就必須要先花時間建立一段有意義的關係——兩年，只是承諾的開端。反過來說，如果我們也希望在自己的生命中看見有意義的翻轉，那麼也同樣需要給自己堅定的承諾，不能期待來來去去、「時尚」的服務經驗，能夠帶來這般影響力。

「教育，是一世代的使命」，因為也有許多人問過我們：「教育？教育就教育部或是教授和老師管就好了，關我什麼事？」但是，我們相信，教育並不只是成績或是政策的問題。教育關乎我們希望我們自己，和我們的孩子被什麼樣的領袖治理，以及未來的台灣之於世界會是什麼角色。何止相關而已，而是有根本的直接關係。

最近，對於上位者的失望、批評四起，但我們，做為青年，也必須問問自己：「如果有一天，我們也被放在決策者的位置，我們可以做出更好的決定嗎？」這個答案，不一定是肯定的，因為一路讀好書、考好試的好學生，成為決策者時，卻不一定能看得見社會真實的需要。我們的未來領袖，需要持續的被教育，才能有足夠的使命和能力，扛起台灣。而在教育現場，若是我們現在就對孩子們宣判無治，我們是對自己的未來宣判無治。一個好老師，用自己的生命影響一個個的生命；一世代的好老師，是用世代影響世代。這是一份身為世代的一份子，無法推卸的使命。

寫完這兩句話後，一直以來最大的問題又無可避免的再度浮現：「到底，該誰來做？」

我苦苦哀求著大家：「就算我回來，也不能一個人做這件這麼大的事，你們想想好嗎，有沒有人願意一起投入？」

大家都滿懷熱情，卻也充滿拉扯，面面相覷。外面依然颳著強風暴雨，我跟自己說：「我需要最後一根稻草。」如果，沒有人願意一起，那麼我做不到；再有熱情，我害怕我踏不出這巨大的第一步，我放不下我在美國的一切。

彷彿屏息了好幾天後，有天早上一覺起來，看見來自普普的一封簡訊：

安婷，我跟之後原本要加入的公司談了，他們很支持我來做 Teach For Taiwan，所以，我想，我可以繼續和妳一起加油喔！

《聖經》裡有句話說：「信，是未見之事的實底。」若是當時普普沒有及時加入，Teach For Taiwan 就不會有誕生的可能。對我而言，雖然對於之後每一個加入團隊的夥伴都滿懷感激，但是我相信，普普的加入是所有人當中最困難、卻也是最重要的，因為她選擇相信一件完全沒有實底的夢想，因為她選擇支持一個沒有人能保證有足夠能力的我。普普單純卻堅定的「信」，是我願意回台灣創立 Teach For Taiwan 的「最後一根稻草」④。

一路走來，有很多的辛苦，有很多時刻，我害怕普普會不會在心中後悔做了這個決定，但是她始終沒有改變她對於這份使命的單純相信。在我心目中，普普是我所知道最勇敢、最美麗的生命之一。

八月初，我回到美國，戰戰兢兢的回到公司、來到主管的辦公室，告訴他：「我要辭職。」

Ajay 露出又大又深的微笑，二話不說就在我的辭呈上簽名，說：「我為妳感到驕傲，Ann。妳很棒，妳不會後悔的，台灣也不會後悔讓妳回去。」

看著他，我的心中滿溢著感恩，他不只給我第一份工作、陪我走過跌跌撞撞的第一年，還把他一切所知都認真的教給我。我是帶著多少我一年前所沒有的資產離開的呢？而竟然，最後，他不僅讓我走，還讓我帶著滿滿的祝福離開。

看見我站著、快哭出來了，Ajay 站起來說：「好了，好了，只不過是辭職嘛，沒什麼好哭的！」邊說，邊像個爸爸似的給我一個擁抱，也輕輕的親了我的頭。

那之後一個月，我辭了工作、退了房租，而最後，我必須將我的車脫手。那輛車，就是那輛我和爸爸一同挑選、為了紀念外公而買的藍色金龜車。一直以來，她是我小小的驕傲，象徵著我在美國五年來所努力得到的一切。

當拖車來到我的住所，我看著我的金龜車被緩緩拖離，我站在門口痛哭失聲。我猜，鄰居大概覺得我瘋了。只不過是賣一輛車啊，有什麼好難過的？但在我心中，那輛對我意義深遠的車從我眼前消失時，我必須面對心中很真實的軟弱：我沒有辦法向害怕放手的自己保證，踏出的這一步，結果的價值會大於這輛車，以及它背後所代表的、我所必須放手的。但是，我意識到，冒險，從定義上，就是在不確定結果時所採取的行動。如果必須在「未知」中生存，那我必須緊握住我「已知」的是什麼。

我告訴自己，結果，是冒險家不能知道的；但或許我能知道的，是冒險的起點和北極星。那份支

冒險，從定義上，就是在不確定結果時所採取的行動。結果，是冒險家不能知道的。

持我不由自主想投入更多時間在 Teach For Taiwan 上的初衷、到最後能支持做出決定對教育和世代的感動。所謂「莫忘初衷」，走到現在，並不如想像中容易，但用力的捍衛初衷，才能夠在未知的冒險旅途中，不論結果成敗，都能有盡力走一遭的力量和意義。

雖然我不知道真正的終點長什麼樣子，也不知道中間的路會如何走，但「教育，是一世代的使命」的理念，必須是指引我這趟冒險的北極星。我必須相信，踏出舒適圈的勇氣若是不能被撼動，那就必須大於結果，對的初衷、用心踏出每一步和沿途的風景、還有對北極星的專注，就是冒險的核心價值。

九月二十二日，當我回到五年前剛抵達時的紐約甘迺迪機場，同樣只拿了兩個行李袋，但這次手上還多了一張單程機票，我的腦中仍然緊張到一片空白。當飛機降落在桃園機場，我的心情，興奮和恐懼參半，雙眼像關不住的水龍頭。「天啊，開始了，真的要開始了，沒有後路！」

① 會有這樣的問題，有著錯綜複雜的原因。政策上因應少子化，學校也受經費限制，「正式老師」的缺額愈來愈少，只能用所謂「代理」或「代課」的形式雇用老師。但是代理和代課的薪資相當微薄（以代課而言，一個月鐘點費最高累積起來也不過兩萬出頭），而且寒暑假可能沒有收入，也可能必須同時兼任多間學校，以防任何一間學校的人事異動，是非常不穩定的工作。因此，許多青年教師寧願在都市中準備考試，也不願大老遠跑來偏鄉學校吃苦。就算來了，心態也很難投入，一有走的機會，馬上就抓緊機會離開。當然，政府、學校、老師各方都有無奈之處，但不管是誰的錯，偏鄉教師荒是個一年比一年嚴重的問題，而無庸置疑，被犧牲的，是孩子。

② Danielle和我在高中時就在史丹佛大學的營隊認識（也是《學會堅強》一書的撰寫者之一），高中畢業後她就讀麻省理工學院，後在麥肯錫顧問公司工作，聽到Teach For Taiwan的想法後，馬上答應加入團隊，甚至在我回台灣時，用個人假期飛來支援。

③ 陳爸的故事，最近寫成一本書《愛，無所畏》，非常建議大家閱讀。

④ Teach For Taiwan（簡稱TFT）是兩年全職教學專案計畫，招募具使命感的青年投入有需求的偏鄉國小，提供持續的培訓與支持系統，成為台灣優質教育的推動者，並共同發揮長期影響力。

TFT全名為「社團法人台灣為台灣而教協會」，每年三月至四月左右開放申請計劃，五月甄選，六月之前公布結果。

二〇一四年第一屆TFT教師招募，共收到一百八十七份申請書，最後錄取八位正取、八位儲備教師，將前往台東與台南兩區服務。

若您有興趣了解更多，歡迎參考以下資訊：

網站：www.teach4taiwan.org

粉絲頁：facebook.com/teach4taiwan

第一屆教師申請說明手冊：http://tftaiwan.org/old/assets/tft_program_02172.pdf

TFT也不定期舉辦對外活動、志工招募等，邀請您用各樣方式，加入我們的溫柔革命！

2014/6/30 TFT 第一屆受訓教師始業式。

後記

關於世代

寫完這本書的時候，離原本的交稿日已經超過了好幾個月，我打從心底感謝編輯們對我的寬容。搬回台灣將近一年以來，Teach For Taiwan 從零到有，第一屆的招募，雖然只有八個名額，卻收到了將近兩百份申請書。一份又一份的感動與感謝，還有我們快速的成長與蛻變，或許真的需要另一本書才能好好說完。但即使如此，我們也都清楚的知道，這不過是 Teach For Taiwan 的第一小步，未來的路，真的還很長。

但光是為了要邁出這一步，過程中，數不清有幾次覺得我快走不下去了。一路上，我們的確有規劃、有研究，但我們面對的是一條幾乎沒有被走過的路，前面沒有燈、沒有指示牌、沒有嚮導。而我，自己也沒有走過這條路，害怕、無助、擔心的心情不比任何其他人來得少，但是做為始作俑者，我必須走在第一個。在一片黑暗中，碰到石頭、懸崖，自己跌倒，唉叫一聲之後，必須先忘記痛、趕緊站起來，叫後面跟著的夥伴繞路。一邊「披荊斬棘」、一邊假裝自信、指引方向，或許，是我做過最難的事情之一。曾經有一位商學教授告訴我：「要當一個好領導，先學會做一個好演員」，好像真的有些道理。別人看不見隧道底部的光的時候，我也看不到，但是我必須緊抓住看不見的希望。打開我的筆記本，「真的有點想放棄」的字眼，連連出現在好幾頁的邊緣上。

每次面臨這樣的無力感，我都必須不斷的問自己：妳究竟是**為什麼**做這件事？妳**憑什麼**做這件事？

我清楚的知道教育是最難撼動的體制，我也知道我們再努力，都不一定能看見成果，甚至很有可能會失敗。但，若是明明知道會跌大跤、會受傷，那麼我還帶著大家向前衝，難道不是愚弄這群信任我的夥伴、還有相信我們的校長、老師與孩子們？

正當我最困惑的當下，有一次，

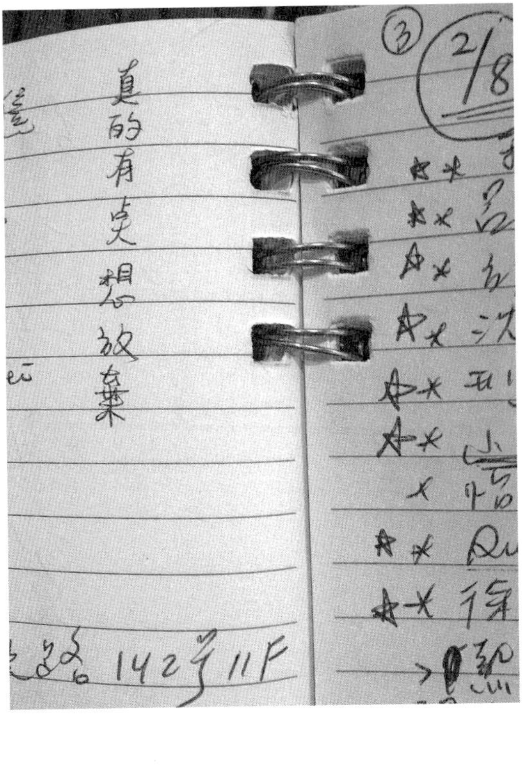

我有機會和一向支持我們的公益平台董事長嚴長壽先生對話。我將這個問題帶給他。他告訴我：「安婷，你們現在做的事情，不論成功與否，都必須是預備你們這個年輕的世代，能有使命、有能力去扛台灣的未來。」

接下來的一個小時，他像個父親一般囑咐著，他是多麼希望年輕人能願意承擔「Affordable hit」（可以承擔的衝擊），不要高估自己，卻也不要害怕成為改變。先蹲下來，去傾聽，在還沒有比手畫腳叫人做事前，不要拿自己的經驗就想要去改變別人，而是要先跟環境對話，傾聽大家的意見。蹲下身來，用他們的角度去看事情，觀察到一個階段後，才能看出什麼是你最能貢獻的。他也說，做為一個領導者，你要先將自己可以承受打擊的範圍畫出來，你也要先走到第一線去體驗了解，再退到後面，才能做出正確判斷。

他認真的看著我，又說：「安婷，妳知道，我也擔心你們受傷、擔心你們辛苦，但是知道唯有經歷過這些『affordable hit』，有一天，妳也才能夠坐在我的位置，告訴妳的下一代，你們這個世代是如何翻轉的。」

臨走前，我問他：「總裁，您是怎麼在經歷這麼多失望後，仍然願意相信我們有希望？」他一邊收拾東西，邊說：「一路走來，我真的始終無法放棄台灣年輕人的未來。」

回到家，總裁的話迴盪在我心中，久久無法自已。我打開電腦，寫了封感謝信給他，沒想到，不到半小時，總裁便回信了：

不要高估自己，卻也不要害怕成為改變。

親愛的安婷：

非常珍惜妳願意跳下來從事公益的初心，這是在我們那個年代大多數人無法做到的奢侈的夢想，它只有在一個社會經濟與文明都達到一個境界以後才會產生的結果，你們代表的是下一代年輕人對這個社會的使命與態度。

你們也許將來都跟 uncle Stanley 一樣不會變成最有錢的人，但是保證你們一定將會是心靈上最富有的人，改變台灣的力量正在發生！我殷切盼望那一天的到來。

知道在下面的路途中未必平順，深怕你們會受傷，或許我做了太多的負面提醒，但只要記得目標與方式可以調整。如果妳問我一句話來做結論，就是：要台灣更好的心，永不放棄！

加油！安婷

長壽

我盯著這封回信，想了好久，我意識到一件事情：我們想要改變的人、事、物這麼多，想要解決的問題這麼大，但是終究，我們最需要、也最可以改變的，是我們自己，是屬於我們自己的世代。我們對於社會很多的想法和不滿，現在還可以怪罪於上一代。但是不久的未來，當我們自己必須扛愈來愈多台灣的責任，我們期望自己如何成為心目中的改革者、有視野的領袖？

到頭來，為什麼我們要做 Teach For Taiwan？不只要改變偏鄉，更需要改變我們的世代：收起批評，捲起袖子，從自己開始，做改變的起點。

前幾週，我剛去花蓮演講完，收到一位大學四年級、即將成為老師的聽眾的回饋：

我想謝謝您激發我沉睡已久的熱情，教育需要熱情，但是現今的教育環境卻缺少了這一塊，我們忙於學習理論、教育定義和實習，並不是說這些課程不好不適合，但是我們缺少了思考和討論的帶領和空間，反思只會一直抱怨大人的所作所為，自己卻缺少了改變的勇氣，留下來改變，或者離開他。我想要創造一點不一樣的改變，雖然我不是名校的學生，我也不知道我可以做出哪些正面的影響，但是我想要去嘗試。改變，是一輩子的承諾；教育，是一世代的使命，這是您告訴我的。我相信我們年輕人可以一起做到，雖然沒有辦法替您抵擋網路上的漫罵和批評，但是我想要讓您知道，其實很多人默默的在支持您，支持 Teach For Taiwan 這個組織，我們想要謝謝您們替台灣的付出，謝謝您，謝謝你們。

我看著這封信，想著，我才要謝謝你，願意加入改變的行列。謝謝你，謝謝你們。

再沒有力氣的時候，「孩子的書屋」的陳爸寫來的信，總在最關鍵的時刻給我力量：

安婷：

妳正在引領一種風潮，一種年輕菁英注意、參與教育的風潮，要拖動的將是一大群人，要面對的將是一連串料想外的挑戰：不同，相反或攻擊的意見，不分內外。檯面下妳不曾了解的規則，和一大群妳期待但絕對會失望的關心或支持……。

妳的堅毅，可能也是傷人的。妳的堅持，可能正在妨礙一群人的利益。妳的……所有正向，同時存在著不同解讀的負向。

看到妳，我想妳不會了解我有多少不捨和期待。看到妳瘦成這樣，真想跟妳說，不要做了，回去享受妳的生活。

但人生就是真實的選擇，選一條沒人走的路，不用等誰贊同，不用人擠人，每當夜深人靜，撫傷自慰，那種無愧於任何人的心情也只有自己懂。

多說兩句：辛勞者、付出者不能成為有辛勞者驕傲的刺蝟，只能成為有自己解決問題準備和難過往肚裡吞還保持笑意的大笨熊。

加油！我不敢保證我能怎麼做，只是讓妳知道，有需要，我會在。

陳爸

Teach For Taiwan 2014 年成功大學說明會

每次想起嚴總裁、想起陳爸、想起許許多多一路用各樣方式支持我們的前輩，我總是覺得我何德何能，在我什麼都沒有、也沒有成果可以呈現的時候，可以得到他們的支持和信任。但仔細想，我清楚知道他們的用心，最終是出於上一個世代即將準備退場、急著幫助我們這個世代可以扛起他們逐漸放下的責任和重擔，向前跑！換句話說，這個世代的我們，又是站在多少巨人的肩膀上，多少殷殷期盼的祝福裡！

每個禮拜二晚上，Teach For Taiwan 的團隊週復一週的開著我們的例會，時常忘情的討論到午夜。開會結束後，幾位夥伴都會一起騎著台北的 U-bike 回家。我們騎過暴雨的夜晚、騎過炙熱的夏天、騎過刺骨的寒風，也騎過過充滿花苞香的星空之下。每一次，一邊騎，一邊和大家你一句、我一句的閒聊、調侃、打氣，有時我忍不住暫時抽離，充滿幸福的盯著這個畫面。我請求自己不要忘，絕對不要忘記這一段用力想、用力哭、用力做、用力學、用力笑的青春，還有這一群和我一同冒險的傻子。但有時候，愚蠢和智慧真是一線之隔。自私和無私，也是——與其說我「無私」的犧牲奉獻，或許還不如說我「自私」的選擇了最飽足、最喜樂的工作。

「你要保守你的心，勝過一切，因為一生的果效，由心發出。」——我無法預言我們的世代會面臨的所有挑戰，我也無法完全掌控 Teach For Taiwan 的未來，但是我期許我們的團隊、我們的世代，用盡最大的力量，保守這一份初心。我的個人可能有成敗，但是我們的世代不能、也不會輸。

改變，是一輩子的承諾；
教育，是一世代的使命。

Teach For Taiwan 才剛剛啟程，邀請您，一起看見需要、一起回應需要、一起加入一場溫柔的社會改造。

而我自己，後悔嗎？永不。我始終驕傲我有機會捲起袖子，成為改變的一個起點。

他是 TFT 第一屆先鋒教師李宗樺。

心理勵志 BBP350A

出走，是為了回家

普林斯頓成長之路

國家圖書館出版品預行編目 (CIP) 資料

出走，是為了回家：普林斯頓成長之路 / 劉安婷著 . -- 第一版 . -- 臺北市：遠見天下文化 , 2014.07
面； 公分 . --（心理勵志；BBP350）
ISBN 978-986-320-501-2（平裝）

1. 自我實現 2. 成功法

177.2 103012375

作者 — 劉安婷
總編輯 — 吳佩穎
責任編輯 — 陳怡琳
內頁圖片提供 — 劉安婷、p.31（aimintang/iStock）、p.95（DeniseBush/iStock）
封面攝影 — Alice Morillon
封面設計 — 江孟達
美術設計 — 連紫吟、曹任華

出版者 — 遠見天下文化出版股份有限公司
創辦人 — 高希均、王力行
遠見・天下文化 事業群榮譽董事長 — 高希均
遠見・天下文化 事業群董事長 — 王力行
天下文化社長 — 林天來
國際事務開發部兼版權中心總監 — 潘欣
法律顧問 — 理律法律事務所陳長文律師
著作權顧問 — 魏啟翔律師
地址 — 台北市 104 松江路 93 巷 1 號 2 樓

讀者服務專線 — 02-2662-0012 ｜ 傳真 — 02-2662-0007, 02-2662-0009
電子郵件信箱 — cwpc@cwgv.com.tw
直接郵撥帳號 — 1326703-6 號　遠見天下文化出版股份有限公司

電腦排版 — 健呈電腦排版股份有限公司
製版廠 — 東豪印刷事業有限公司
印刷廠 — 祥峰印刷事業有限公司
裝訂廠 — 聿成裝訂股份有限公司
登記證 — 局版台業字第 2517 號
總經銷 — 大和書報圖書股份有限公司 ｜ 電話／ (02)8990-2588
出版日期 — 2014/07/28 第一版第 1 次印行
2024/01/12 第二版第 1 次印行

定價 — NT$450
4713510944571
書號 — BBP350A
天下文化官網 — bookzone.cwgv.com.tw